服を買うなら、捨てなさい

地曳いく子
Ikuko Jibiki

宝島社

はじめに――自分自身の、トップスタイリストになるために

バブル時代を謳歌《おうか》してブランド物を買いあさり、毎週ファッション誌を読みあさっていた私の世代。大量の服を所有し、ファッション知識も相当ある。なのに迎えたのが迷える50代。「いったいどうしたらいいの私たち?」。

そんな50代向けに2冊の本を書いたのが数年前。すると意外なことに、30代、40代の読者からも多くの感想と質問をいただき、本当にビックリしました。

私などよりはるかに若く、経済観念もしっかりしているはずの今の30代。彼女たちからいただいたお悩みは、

「服が大量にあるのにいつもワンパターンになってしまう」

「着回し方がわからない」

「スカートが苦手で気がついたらパンツばかりはいている」

などなど。それは50代半ばの私たち世代に共通する悩みであると同時に、

「そんなことで悩んでるの!? お金であなたの若さ買い取りたいくらいなのに（笑）。そんな悩みを抱えたまま50歳になったら、もっと落ち込んで立ち直れなくなるわよ！」と言いたくなるような悩みでもありました。私に言わせれば、若ければファッションで悩む必要なんてまったくないんですから。

そう、日本の女子はファッションで悩みすぎなんです。

元来真面目な性格の私たち、雑誌の提案に踊らされ、外部からの意見を気にしすぎてはいませんか？

こういっては元も子もないのですが、私が今まで服を着倒しファッション業界で生きてきて思ったこと、それは、

「所詮《しょせん》ファッションは眼の錯覚と思い込みの自己満足」ということ。

これは逆手《さかて》に取れば、

「眼の錯覚を利用して着こなしで3〜5キロ着やせして見せることも可能だし、自分の好きなスタイルを貫くが勝ち！」

ということです。

流行なんて関係ない。

自分をよく見せたもの勝ち。

そのためには己を知り、今の姿や生活スタイルを考え、雑誌や流行に惑わされることなく、自分に有利な情報やスタイルだけを上手く取り入れる。

流行やトレンドとは別に「自分が本当に好きなスタイル」を見つけていくことです。

そのためには、イマイチな服は処分して少数精鋭主義でいきましょう――というのが、この本の趣旨です。

これまでの業界経験を駆使し、イマイチ服をカットして、「これだ！」と思う服を手に入れるための方法を、たっぷり紹介していきたいと思います。


人生、お金も時間も限られています。

どうせなら、どちらも有意義に、自分が心地よく輝くために使いませんか？

いくら雑誌が「1カ月コーディネート」を提案しても、好きなコーディネートなら週2回は繰り返し着てしまっていいのです。そのほうが、いちばん大好きな格好でいられる日が増えるし、いちばん素敵な自分でいられる日も増えるでしょう？

自分の人生の主人公は自分です。どんなに今流行っている物でも、どんなにきれいな服でも、自分に似合わなかったらスルー。それは自分にとっては必要ない服なのです。流行だって、自分に似合うものが来た時に捕まえればいい。

ワードローブは、偏っていていい。

服をたくさん持っているから幸せになれると思ったら大間違いです。
あなたを美しく見せる服〝だけ〟を適量持っているのが理想です。
これが、大量の服に出会い、所有してきた私の結論。

さあ、一緒にあなたのワードローブを、あなた史上最高のワードローブに変えていきましょう！

地曳いく子

目次

はじめに――自分自身の、トップスタイリストになるために　2

chapter 1

おしゃれな人ほど、少ない服で生きている　13

何を持って、何を持たざるべきか。それが問題だ！　14
日本の女子にかけられた「バリエーションの呪い」　18
服を増やすと、おしゃれ度が下がる理由《わけ》　22
「イマイチ服」の徹底カットで、おしゃれ平均値は3割アップ　26
服を減らすための具体策①　いらないものは捨てる　28
服を減らすための具体策②　どうでもいいものを買わない　31
増やすことの不便さ、減らすことの便利さ　36
ファッション業界に起こった変化　39

chapter
2

ムダ服を増やす、さまざまな罠 41

間違ったおしゃれ観を徹底改善！ 42

①「何でも着こなせる＝おしゃれ」という罠 44

②「おしゃれなものを持っている＝おしゃれ」という罠 48

③「流行を取り入れている＝おしゃれ」という罠 51

④「若い人の服＝おしゃれ」という罠 53

chapter
3

いらない服とすっきりお別れする方法 57

大人の緊急課題は、「抱え込み服」の大処分！ 58

捨てるべき服① 朝、鏡の前で脱ぎ捨てた服 60

捨てるべき服② 実は着ていない服 65
捨てるべき服③ 似合わなくなった服 67
少しずつ、定期的に行いましょう 69

chapter
4

理想的なワードローブ大検証！ 73

本当におしゃれなワードローブ、4つの要素 74

理想のワードローブ4つの要素 その1
靴にいちばんお金と愛をかけている 76

理想のワードローブ4つの要素 その2
「今」使えるものだけが入っている 83

理想のワードローブ4つの要素 その3
内容に偏りがある 86

理想のワードローブ4つの要素 その4
自分の得意分野、好きなものを極めている 90

chapter

5

買い物に出かける前に 93

価値ある買い物をしよう！ 94
買い物に行くときの手順と心構え 97
買っていいのは「今着るもの」だけ 100
高いか安いかは、着用回数で判断する 103
買い慣れた価格帯から選ぶ 107
「試着の罠」にご用心 110
買えなくても落ち込まない 114
準備が整ったら、いざ買い物へ 117

chapter

6

買っていい服、ダメな服 119

買っていい服のポイント3点 120
買ってはいけない服のポイント3点 127
買ってもいいけれど注意が必要な服 133
大人にふさわしい、おすすめのアイテム 138

chapter

7

おしゃれは「トレンド」から「スタイル」へ 143

「スタイルのある人」になるために 144
長所と得意分野を伸ばして、勝ち点を増やす 147
自分が生きていくシチュエーションと相談する 151
今の自分より、ちょっと上の世代を観察する 154

スタイルは、自然に身につくもの　156

chapter 8

これからも、ずっと素敵でいるために　161

「美しく年齢を重ねる」ことのメリット　162
「ファッションの魔法」から卒業するとき　164
「今」を生きていきましょう　167
足るを知る　170

おわりに　174

編集　小嶋優子
構成　植田裕子
プロフィール写真　八木 淳
イラスト　宮原葉月
ブックデザイン　小口翔平＋平山みな美（tobufune）
DTP　藤原政則（アイ・ハブ）

chapter

1

おしゃれな人ほど、少ない服で生きている

何を持って、何を持たざるべきか。それが問題だ！

あなたは、今自分が何枚セーターを持っているか覚えていますか？　スカートは？　ブラウスは？　靴はどうでしょう。

いきなりこう聞かれて、パッと答えられる人は少ないのではないでしょうか。30歳を過ぎると、人生経験もそれなりに長くなり、たいていの人が、把握しきれないほどの服を持っているものです。もしかすると、クローゼットや洋服ダンスの奥では、すでに記憶の彼方に去ってしまった服たちが、あなたに発掘されるのをじっと待っているかもしれません。

そんなクローゼットや洋服ダンスが日本中に大量発生しているので、昨今トレンドになっているのが、そう、「お片づけ」。ため込んだ服たちを思いきって捨てて、スリムでおしゃれなワードローブを実現したい！　そんな欲望が、人々をお片づけに走らせます。

でも、お片づけブームをよ～く見てみると「やっぱりなかなか減らない」「一回は減ったけれどまたすぐに元通り」とか、反対に、「捨てすぎて着るものがなくなった」「実は気に入っていた服まで勢いで捨ててあとから後悔した」などの失敗談がそこはかとなく聞こえてきます。どちらも結局、混乱に振り回されているまま。まるで腐れ縁の服たちが、ゾンビのようにいつまでもあなたを追いかけ回しているかのよう……。

せっかくすっきりとしてお気に入りの服ばかりがかけられた、美しいワードローブを目指したのに、なんでこうなっちゃうの？

はい、お答えしましょう。それは、「本当に必要な服」と「どうでもいい服」の見極め方を、あなたがまだ知らないからです。子供の頃から無類の洋服好きで、とうとう職業にまでしてしまった私。そんな私でも、実は洋服ゾンビに長い間つきまとわれてきました。

私が大量のゾンビたちと暮らしていたのはバブル時代。今思い出すとぞっとしますが、6畳ほどのひと部屋まるごとクローゼット、みたいな感じでした。そしてバブルがはじけてもまだまだ「買って捨てて」を繰り返し、気がつけば50代。顔も体形も、おまけに時代も変わり、「あれ？　なんだか服が似合わない!?」というパニック期を迎えて服とのつき合い方を見直し、ようやく、「何を持って、何を持たざるべきか」がはっきりとわかってきました。

スリムで美しいワードローブを目指したいからといって、やたらめったら捨てればいいというものではありません。持つべきものはしっかりと持たないといけない。いやむしろ、少ないからこそ、あなたを〝アゲ〟てくれるアイテムはしっかりと厳選して持つべきなのです。

この本で、よけいな服をワードローブからそぎ落とし、あなたを素敵に見せてくれる最高の服とだけつき合うノウハウを、一から考えてみましょう。

何を捨てて、何を買えばいいのか。

それが身につけば、自然にワードローブは縮小され、身軽ですがすがしくなります。それだけでなく、おしゃれも格段にブラッシュアップできるのです。

今よりもっとおしゃれになりたい、そしてこの先歳を重ねてもずっと素敵でいたいと思うあなたへ。

まずはじめは、あなた、そして多くの日本の女子たちにかけられた、おしゃれの呪いの
お話から始めましょう。

日本の女子にかけられた「バリエーションの呪い」

セレブやファッションブロガーなど、世の中には「ファッショニスタ」と呼ばれる人々がいます。彼女らは、毎日、いえ、一日のうちだって何パターンも着替えますし、最新のイットバッグをいち早く取り入れて「どうだ！」とばかりに持ち歩いています。

一方、ファッション雑誌をひらけば「1カ月コーディネート」などと題した、毎日の通勤服や、華やかなイベントに合わせたいろいろなファッションを着こなす企画が定番です。

さらに今は、ソーシャルメディアが花盛り。有名人じゃなくたって、セレブのように、毎日いろいろな服を買ったり着たりしてSNSにその写真をアップすれば、「いいね！」もたくさんゲットできるでしょう。

こうしたよくある光景――実はこれらはすべて、日本に住む女性にかけられている「バリエーションの呪い」なのです。

バリエーションの呪いとは、「女子は、毎日違う格好をしなければいけない」という、恐ろしく、根深く、理不尽な思い込みのことです。考えてみてください。男性なら、毎日同じスーツでも誰も何とも思わないはず。なぜか女子だけが、極力同じ格好をしないように、毎朝、鏡の前で多大な苦労を強いられているのです。

ブログや雑誌は、「あなたも、バリエーションを出すためにたくさんの服を持ちなさい」と私たちにメッセージを送ってきます。

でも、本当にそんなにバリエーションが必要なのでしょうか？

雑誌のモデルは、おとぎ話の登場人物

セレブやブロガーが服をたくさん持っているのは、彼女たちがおしゃれを職業にしている「プロ」だからです。ブログに写真をアップしたり、あるいはパーティや取材で写真を撮られたりするのが仕事なので、あれだけ大量の服を用意して一日に2度3度と着替えているわけです。

でも私たちは、一日に何度も着替える必要はないし、一カ月というスパンで考えてみても、それほど合コンだのパーティだのがあるわけではありません。多くの人は、毎日、だ

いたい同じような一日を過ごしています。雑誌でもSNSでもない、日常のリアルなファッションには、実際それほどたくさんの服は必要ないはずなのです。

「いいね！」だって、せっせと投稿してたくさん貯めたところで、ポイントと交換できるわけでもないでしょう？

セレブの情報や雑誌の提案。それははっきりいって「幻想」です。おとぎ話です。現実のものではありません。日常でおとぎ話の登場人物の真似をするなんて、おかしいと思いませんか？

実際、現実の人間が、セレブのように頑張って毎日違うコーディネートをしたとしても、真冬なら結局ダウンコートばかり着続けてしまうこともあるし、通勤バッグだって、その日のコーディネートに合わせてしょっちゅう中身を入れ替えて違うものを持つのは面倒。結局、持ちやすくて使い慣れたものがいちばん出番が多くなるものです。それに、毎日レベルを落とさずに違うコーディネートを見せ続けるなんて、並大抵のことではありません。「1カ月コーデの天才」と言われた（笑）、プロのスタイリストのこの私でさえ、少なくとも2日はダサいコーデの日ができてしまうでしょう。

それが現実というものです。つまり、幻想を見るのではなく、まずはしっかりと現実を見てほしいのです。

「バリエーションの呪い」は、こんなふうに私たちのファッション生活を混乱させてしまう怖いもの。でも実は、もっと悪い影響があります。それは、バリエーションを増やそうと思うあまり、かえって「ダサい人」になってしまうことです。

次の項で詳しくお話ししましょう。

服を増やすと、おしゃれ度が下がる理由《わけ》

「プロ」ではないごく普通の女性である私たちも、「いつも同じ服だと恥ずかしい」「バリエーションを増やさなければ」というプレッシャーを知らず知らずに抱えてしまっています。

この「毎日違う格好をしなければ」という思い込みの最も悪いところは、コーディネートのバリエーションを増やそうとするあまり、微妙な服をワードローブに混ぜてしまうことです。

安いからと適当に買ったり、とんでもなく古いものを取っておいたり……。

「それでも、同じものを繰り返し着るよりはいいわ」「服はないよりあるほうがマシ」なんて思っていますか？

ところが、こういう「つい混ぜてしまうイマイチな服」こそ、おしゃれ度を大きく下げている犯人なのです。

「ダサい」の印象は「おしゃれ」の印象の100倍強い

たとえば、いつもおしゃれにキメている人が、たまたまちょっとダサいものを着て来たとしましょう。あるいは、ポーチなどちょっとした持ち物が「あれ？」というようなものだったり、よくわからないデコネイルなどをしていたり。

すると他人には、「いつもおしゃれ」という印象より、「なーんだ、意外とダサいのね」という印象のほうが100倍くらい強く焼き付いてしまうのです。たった一度でも、です。

こうなると、次にまたおしゃれなものを着て来ても、「でもホントはちょっとダサい人でしょ」という評価になってしまいます。そんなリスクを冒してまで、「毎日違う格好」にこだわることに何の意味があるでしょう？

それなら、自分によく似合う服を週に2度3度着ているほうが、はるかによく見えるというもの。誰かの心の中で減点されることもなく、「いつも素敵な人」という印象をキープできます。

私自身も、自分によく似合っておしゃれに見えるので、週に2回は着ている夏のワンピースがあります。帰って来たら、ハンガーにかけたまま軽く洗剤をつけ、お風呂でシャワーを当ててそのまま干すだけ。汗や軽い汚れはこれで簡単に抜けるので、またすぐきれいに着られます。冬物のコートやジャケット、ワンピースなら、洋服ブラシをかけるだけでOKです。頻繁に着ても、こうして毎日少し手間をかけてお手入れしていれば、毎回クリーニングに出すお金の心配もいりません。

（余談ですが、パリの人はコートをクリーニングに出したりしません。カシミアなど、高価でデリケートな素材ほどクリーニング液でいたみやすいからです。けれど、湿度が高く皮脂が出やすい日本でそれを真似するわけにもいきませんから、毎日のお手入れではカバーできないものだけを、信頼できる高級店に出すというのが私のおすすめです）

アナ・ウィンターが完璧な理由

さて、それでも「どうしても納得できない」という方には、アナ・ウィンターのお話をしましょう。

アメリカ版『ヴォーグ』誌編集長にして、ファッションの女王と目される彼女。コレクションの会場に現れるときに履いている靴は、驚くことにワンシーズンでもだいたい2～

3足程度なのです。微妙にデザインや型が違うよく似た靴を、毎回履き替えているだけ。色はおもに、何にでも合うベージュです。

その気になれば、それこそ毎日でも履き替えられるほど大量の靴を提供されているはずの彼女でも、自らの厳しい審美眼が許したそれらの靴を繰り返し履くほうがいい、ということなのでしょう。

誰もがうらやむ豪華な靴の山をほとんど無視して、ごくわずかなお気に入りしか履かないなんて、ある意味すごいファッションビッチ（悪女）かもしれません。

でもだからこそ、彼女はいつ見ても完璧でカッコいいのですね。

「イマイチ服」の徹底カットで、おしゃれ平均値は3割アップ

要するに、「おしゃれな人」とは「ダサいものを着ない人」のことです。

おしゃれテクを研究するより、もはや似合わなくなったダサい服を手持ちから排除するだけで、誰でもおしゃれの底上げができます。

ということは、「毎日違う格好をする」ためにワードローブについ混ぜてしまっていた、バリエーション用のイマイチな服をバッサリとカットしてしまえばいいのです。

試しに、今のあなたの手持ちの服を半分に減らすとしましょう。それだけで、あっという間におしゃれ平均値が3割は上がります。

スタートはまず、服を減らすことから、です。

私たち庶民にとって、ウォーク・イン・クローゼットは悪夢

人が管理できる服の数には、限りがあります。「夢のウォーク・イン・クローゼット」

なんて、私に言わせれば悪夢そのもの。服を管理してくれるパーソナルスタイリストやメイドがいるセレブならともかく、庶民の私たちにはそんな大量の服は管理しきれません。数がありすぎると自分でも、本当は何が好きでどんな格好が似合うのか、といった基本的なことがわからなくなってしまいます。

でも、おしゃれ度を下げているよけいな服を減らせば、自分の好きなものがはっきり見えてくるし、大好きで素敵な服ばかりが目に入ってくるので毎朝クローゼットの前で「何を着ればいいの?」と悩む時間も減らせます。さらに「イマイチコーデの日」も減って、毎日素敵な人でいられるのです。

自分の今の生活スタイルを見極めながら、本当に気に入っている素敵な服だけを残した、少数精鋭主義のワードローブ。それが、おしゃれな人になるためのカギです。

服を減らすための具体策①
いらないものは捨てる

では、服を減らすためには具体的にどうしたらいいか？　それは次の2点に尽きます。

①いらないものは捨てる
②どうでもいいものを買わない

「バック・トゥ・ザ・過去」にご注意！

30代以上の方の場合、①の「いらないものを捨てる」という作業は急務です。
10代、20代の若い人たちより長く人生を歩んでいる分、たまっている服の数がかなり多くなっているはずだからです。これがそのまま中年までいったら、どのくらい服が増えてくるか想像してみてください！

「でも流行は繰り返すっていうし、取っておけばまた使えるんじゃない？」と言う方。

そのとおり、たしかに流行はまた巡って来るもの。けれど、そのとき自分が何歳になっているかを考えていますか？　流行が再来した数十年後には、もうすっかりオバさんになって気分も変わり、着られなくなっている可能性も大。シビアなお話ですが、その頃にはもう、若いときのように何でも似合うというわけにはいかなくなっているはずです。

実際、私もおしゃれ歴が長いので、若い頃着ていたものでリバイバルしているものはたくさんあるのですが、それらは今すべてハイテク素材になって返って来ているので、決して当時と同じではありません。たとえばライダースジャケットでも、今はストレッチが入っていて動きやすいし、シルエットもスリムで昔とは微妙に違う。だから、「また流行っているから」といって古いものを今そのまま着たら、たちまち「バック・トゥ・ザ・過去」です。

それに、服というのは持っていればそれだけお金がかかるものです。

試しに、シーズンの終わりに服をしまうとき、かかったクリーニング代を書き出して、合計してみてください。

普段は手に取らない服でも、気まぐれで一度でも着たら、やはりそのまましまうわけにはいかずにクリーニングに出すでしょう。冬物だったりすると、1枚あたりの金額も割高。こうしてかかったクリーニング代を振り返ってみたら、新しいトップス1枚分くらいになってしまうのでは？

たとえしまいっぱなしでクリーニングに出さなくとも、置いておくだけでその分の場所代がかかります。それでは家賃の一部をいらない服のために支払っているようなもの。

服をたくさん持つというのは、そういうことなのです。たいして着ない服のために、あなたは高いコストを払い続けたいですか？

だから、着ないものは捨てる。勇気さえあれば、誰だってできます！

服を減らすための具体策②
どうでもいいものを買わない

服を減らすための具体策②、「どうでもいいものを買わない」。

これは、「節約せよ」という意味とはちょっと違います。

同じ買うなら本当に素敵なものを買いましょう、ということです。

同じ1万円のお買い物なら、着るか着ないかわからないファストファッションのトップス3枚より、毎日のようにはける高級品のタイツ2枚のほうが、ずっといい。

この選択をすることで、あなたは、自分の気分をアゲてくれる高級タイツの素晴らしいはき心地とともに、引き出しにも「かさばるだけでたいしてものがよくないトップス3枚分の空きスペース」を手に入れられます。


着こなしのバリエーションを広げるために、それほど気に入っていない服や安いだけの服を何枚も買って増やしてきた人。

これからはそのお金を、本当に気に入った上質な服1枚に充てましょう。

そういう服は、着る人を素敵に見せてくれるだけでなく、気分まで素敵にしてくれます。

買わずに済ませる知恵

「でも、それだと上から下まで全部に予算が回らないわ」と心配になった人。

それでいいのです。

限られた予算でまんべんなくすべてを揃えようとするから、ワードローブ全体のクオリティが下がるし、微妙な服も入ってきてしまうわけです。自分にとって大切なものに予算を集中させて、ほかは工夫でカバーすればいいのです。

私は以前、出先で寒いと思うと近くのお店に飛び込んで適当なカシミアセーターを買っていましたが、今は同じロック好きの20代の友人たちから学んで、そういうときは腰や背中に使い捨てカイロを貼って済ませられるようになりました。

寒さをしのぐためだけに服を1枚ムダに増やすくらいなら、別のことでカバー。私たちは、ついいろいろ理由をつけて服を買おうとしますが、おしゃれな人になるために最も大切なことは、どうでもいい服の徹底排除です。それには、買わずに済ませるための工夫も必要だし、少々の我慢や、買いたい気持ちを軽くスルーする癖もつけたいものです。

買うは天国、捨てるは地獄

「買うは天国、捨てるは地獄」。

これは、私が雑誌の連載などでよく言っている言葉です。

買うときは楽しいものですが、捨てるときはものすごいパワーが必要。

さらに年を経るにしたがって、量が増えて捨てる労力は増しますし、一方で捨てる気力は失われていきます。大量に物を捨てるときには、罪悪感もともないます。

考えもなく適当に買い続けている一方では、歳の数に比例して雪だるま式に服は増え、最後はムダ服の山に埋もれて、もはやどうしようもない状態のまま一生を終えることになってしまうでしょう。

まだ若くて元気なうちに、このことに気づけばラッキーです。

今はまだピンと来ない方も、ぜひ今のうちから「むやみに数を増やさない」という意識を持ち、こまめに物を捨てる習慣をつけましょう。

「買い足し」より「買い替え」

ところで、どうでもいい服がクローゼットに増えていく理由のひとつに、「今まで持っていなかったデザイン（や色や素材）の服を買いたい」という欲求があります。これも、「バリエーションの呪い」の一種です。

たとえば、「グレーやネイビーのニットはもう持っているから、今度は違うタイプにしたほうがいいかな」と思って、つい赤や黄色、ピンクなどの色物や、柄物に手を出してしまったことはありませんか？　おそらくそれらのニットは、もともと持っていたグレーやネイビー以上に活躍することはないでしょう。

30歳を過ぎてくると、おしゃれのレッスンの時期は終わり、「自分の定番」とも呼ぶべき服がだんだんわかってきます。この自分の定番は、その後歳を重ねていっても、大きく変わることはありません。

ですが、同じグレーのニットでも、形やディテール、色味、素材などが毎年微妙に変わりますし、去年の自分もまた、今年の自分と同じではありません。

ですから、今後服を買うときは、新しいアイテムに手を出してバリエーションを広げようとする前に、まず定番ものをアップデートすることを心がけることです。違うものを

「買い足す」のではなく、すでに持っている定番ものを「買い替える」という意識で、買い物をするのです。

そのほうが、服の数を一定にキープできますし、ファッション全体もずっと新しく見えたりします。

6章で詳しくお話ししますが、定番もののアップデートの目安は2～3年。私も、5年以上前の服を引っ張り出すと、さすがに自分でも笑える感じになってしまうので注意しています。

数をキープといえば、ハンガーの数も決め手になります。ハンガーは決して増やさず、つねに一定数をキープすると決めておくのです。ハンガーにかけられない服が出てきたら、どれかを捨てる時です。

増やすことの不便さ、減らすことの便利さ

かくいう私も、以前はあふれるほど服を持っていました。

築地にあった実家は小さな4階建てのビルで、4階のフロアの2部屋を使っていた私は、そのうちの6畳ほどの部屋ひとつを丸ごとクローゼットにしていたのです。

バブルの頃ですから、それこそ買う一方。服がありすぎて、自分でも探しきれないほど。「あのコートどこにあったかしら？　いいや、面倒だから買っちゃおう！」と、探すかわりにまた買うという状態でした。

けれど、のちに両親が亡くなったりして、私は思いがけず40歳でその家を出ることになりました。これがリセットの機会になり、そのときに私はラック10本分ほどの服を処分したのです。

考えてみると、亡くなった母は物をよく整理している人でした。

おしゃれが大好きで、いろいろな物を持っていながらも、数はいつも一定なのです。どんどん人にあげてしまうからです。

ですから、亡くなったときに遺品はほとんどありませんでした。私は母から物をもらう代わりに、物を手放す精神を受け継いだのだと思います。

私は職業柄、一般の方よりはどうしても持ち物が多く、ミニマムなワードローブを目指す旅もまだ途中ですが、かつてより服を減らした今はとても楽。もう着たいものが見つけられないこともなく、減らした分だけ、ひとつひとつの服への愛も深くなりました。脱いだらきちんとハンガーにかけたり、アイロンを当てたりとケアをします。ああ、なんていい気分！

「ほかにも着るものはたくさんあるし」という意識で、帰宅したら脱いだままほったらかしてシワをつけてしまったり、スカーフをくしゃくしゃにしてしまったりしていた頃とは大違いです。

シンプルに生きる

今は、シンプルに生きるべき時代なのだと思います。

昔よりあらゆるものが激しく流れ動いていて、流行はどんどん移り変わるし、気候さえ不安定。本当に、明日何が起きるかわかりません。その厳しさは、きっと今後もっと増していくだろうと思います。そういう変わり目にあるのが、今という時代なのです。

その証拠に、昔のやり方では上手くいかないことが増えてきたと思いませんか？

「ないと困る」「持っていなければいけない」という恐怖心や義務感で物を増やしているままでは、何か起きても即座に動くことはできません。

でも、ここで考え方を変えていけば、この厳しく流れの速い時代の中を生き残っていくことができるはずです。

ファッションもまさしくそうです。必要なのは「ない」という不便に慣れ、「工夫」という知恵を生むことです。それがひいてはセンスのアップにもつながります。

ファッション業界に起こった変化

私の仕事場であるファッションの世界でも、最近はみんな、同じ服をよく繰り返し着ています。昔より服の価格が高くなったこともあって、「数を少なくしていいものを選ぶ」という傾向が強まってきたのでしょう。ある意味、これ自体がトレンドです。

年数回の展示会シーズンのとき、私はおしゃれライバルのスタイリストと毎日のように顔を合わせていたのですが、彼女はそのうち週3回同じセーターを着ていました。

実はそのセーター、私も狙っていたのですが、かなり高かったので買うのをためらったものだったのです。でも、たとえ値段は高くとも、これくらいしょっちゅう着ればいいだけの話。決してもったいなくはありませんでした。「おしゃれのプロであるスタイリストが週3回同じ服を着る」。これはまさに、新時代のおしゃれ観を象徴している出来事でしょう。彼女のセーター姿を見ながら、「私も買えばよかった」と、ひそかに心の中で舌打ちしたものです。

おしゃれな人といえば、服をたくさん持っているもの。今まで、誰もがずっとそう思わされてきました。けれど、それを覆す新たなムーブメントが、ファッション業界の最先端ではすでに始まっているのです。

おしゃれとは、決して「毎日違う服を着る」ということではありません。

「また同じ服だと思われる」というプレッシャーから、本当におしゃれな人たちはすでに解き放たれています。

だから、どんなに流行っていようと、どんなにきれいだろうと、どんなにお得だろうと、自分に似合わないものはよけいなもの。

無理をしてそんな微妙な服を増やすくらいなら、マイ・ベストアイテムをもう一度着て、素敵な自分を譲らないほうがいい。

この時代に輝くのは、自分の好きなもの、本当に大切なものを知っていて、それ以外をきっぱり切り捨てる勇気のある女性。

そんな自由で軽やかな女性こそ、新時代の女性像だと私は思います。

chapter

2

ムダ服を増やす、さまざまな罠

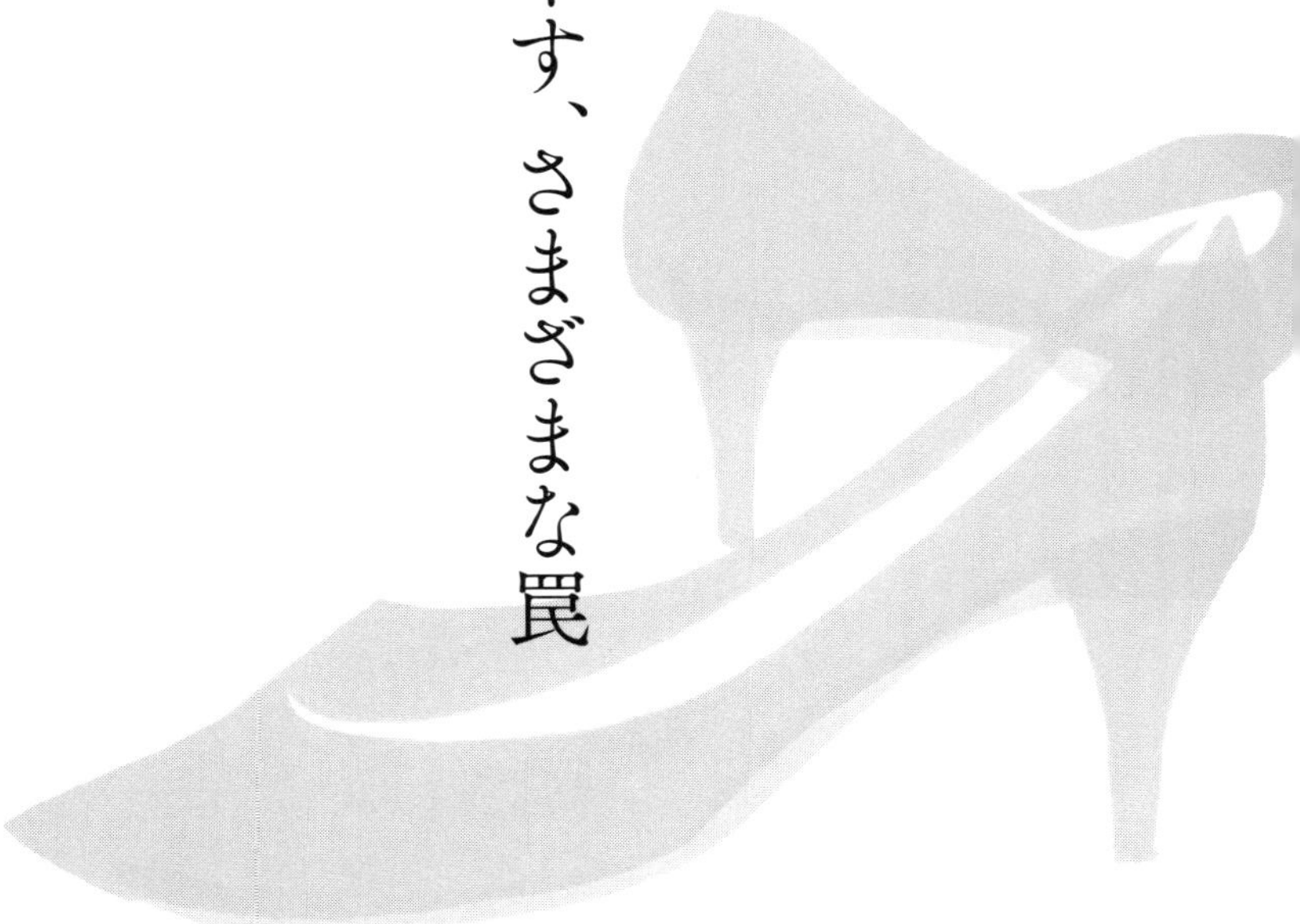

間違ったおしゃれ観を徹底改善！

これからはもう、ワードローブをむやみに増やす必要はありません。

毎日のコーディネートのバリエーションを増やすことばかりにこだわっていると、つい似合わないアイテムに手を出したり、古いものをずっと取っておいたりと、自分で自分のおしゃれ平均値を下げることになってしまいます。

そういうよけいな服を省いて、本当によい服とだけつき合うこと。そうすれば、日々のおしゃれ度は高めで安定するし、自分が今何を持っているのか、どんな好みに寄っているかも把握しやすくなって、新たなムダ買いを防げます。

おしゃれ度が上がる新しいファッションルールについて、前章ではこのようにお話ししてきました。

もう、今すぐにでも服を捨てたい、そして素敵なものを買い直しに行きたいと思っている方もいるでしょう？

「さあ、何を捨てて何を買えばいいのか、早く教えて！」という方、ちょっとお待ちください。

ここでは、おしゃれ度を下げるムダ服を増やすのにつながっている、おしゃれの罠についてお話ししていきましょう。おしゃれの罠は、あなたに間違ったおしゃれ観を植え付けます。

ファッションの世界には、それらの〝勘違いの罠〟が周到に張り巡らされ、「トップスが1ま〜い、2ま〜い……」と、あなたのクローゼットに少しでもムダ服を増やそうと虎《こ》視眈々《したんたん》とねらっています。

30歳を過ぎたら、そんな罠に引っかかってはいけません！

ムダ服にもう惑わされないために、ここからはさまざまなおしゃれの罠を徹底分析していきましょう。

①「何でも着こなせる＝おしゃれ」という罠

私はスタイリストとして、こんなご相談をよく受けます。

「私はいつもパンツ派で、スカートは苦手なんです。スカートをはくにはどうしたらいいですか？」

何か、スカートをはかなければいけない用事があってのご相談かと思いきや、そうではありません。ただ、「はかなくちゃと思って」と言うのです。

わざわざ似合わないものにチャレンジして、自分のファッション感度を低く見せる必要がなぜあるのでしょう？　そのときの年齢や気分によって、どうしても着る気になれないもの、似合わないものがあるのは当たり前のことで、決して悪いことではないのです。

元をたどれば、これも「バリエーションを増やさなければ」という思い込み。日本の女子全体にかけられている呪いです。

30歳過ぎに発症する「ファッション鬱《うつ》」

しかもこの呪いは、歳を重ねるにしたがってさらに深刻な影響をもたらします。

というのは、若さのおかげでどんな服でも似合ってしまう20代までなら、バリエーションを増やしたいだけ増やせますが、30歳を過ぎると、人はしだいにそれぞれ個性が強くなり、そのために似合う服が限られてきて、こなせるアイテムが激減するからです。

若さというのはズルイもので、たとえ、ちょっと太めの脚でミニスカートをはこうと、若い子だと悪い感じはしませんし、奇抜な格好がむしろかわいく見えたりもします。顔が若いというだけで成立してしまうのです。

けれど、いつまでもそのままではいられません。

ずっと同じ感覚で買い物をしていると、しだいに「若い頃と違ってなんだか上手く着られない、使えない」という服ばかりがどんどん増えていきます。

それなのに、「いろいろなものを着こなさなければ」なんていう思い込みに縛られていたら、この先40代、50代と歳を重ねていったとき、「私には着られるものが何もない」「どうしてみんなのように上手くできないのかしら」と悩んで落ち込み、服を見るのもつらくなる「ファッション鬱」になってしまいます。

一生ファッションを楽しんでいくためにも、「何でも着こなせるのがおしゃれ」なんていう思い込みは、今すぐここで捨ててしまってください。無理な服には手を出さず、自分の得意分野だけで勝負すればいいのです。

たとえば私は、実はロマンティックな甘いファッションも好きなのですが、胸が大きいので胸元にフリルがある服は着られません。脚も、すっとした少女のような脚ではなく、メリハリのある大人脚なので、ソックスなどを合わせたかわいらしいコーディネートは苦手。となると、辛口セクシー系でいくのが自分にはいちばん合っているので、得意な黒やライダースジャケットをよく着ているわけです。

パンツが得意なら、ずっとパンツでOK。

Vネックが得意なら、引き出しの中が全部VネックになってもOK。

それがあなたのスタイルです。

あなたはファンシー担当？　辛口担当？

「○○しか似合わない」というけれど、似合うものがあるだけで上等。素敵に着られる得意分野があるのは、ファッションにおける大きな成功です。

人の社会はさまざまな役割分担から成り立っているものですが、ファッションもそれと同じこと。ファンシー部門を担当する人、辛口部門を担当する人、ナチュラル部門が専門の人、と分かれているのが自然で、全部をひとりで引き受けるなんて到底無理です。だって、プロのモデルでさえ似合わない服はあるのですから!

余談ですが、ここだけの話、何でも素敵に着こなしているように見えるモデルでさえ、雑誌の写真では補正をかけています。今はコンピュータでどんな補正だってかけられますから、事実だと思っていたことが実はそうじゃなかったなんてことは日常茶飯事です。だから、先ほども言ったように、雑誌の記事はおとぎ話なのです。

補正とまではいかなくても、雑誌の写真は、カメラマンはじめメイク、スタイリストなどその道のプロがよってたかってモデルに「着こなさせる」わけですから、そもそも、私たちの日常着と同じに考えてはいけません。

プロではない私たちは、自分の担当分野だけこなせば十分なのです。

②「おしゃれなものを持っている＝おしゃれ」という罠

「おしゃれな人」と「おしゃれが好きな人」の違い

たとえば、ブランドもの・トレンドものが大好きで、毎日派手な格好をしている人がいるとしましょう。

それが、本人に似合っていれば「おしゃれ」。

でも、ちぐはぐな印象を受けるとしたら、「個性的」ではあってもおしゃれとはいえません。

それはおしゃれな人ではなく、「おしゃれが好きな人」。または、「おしゃれにお金を使うのが好きな人」です。おしゃれなものを、着たり持ったりするのが好きなのです。

その人がそれで楽しいのならそれは生き方ですから何の問題もありません。けれど、「他人から見ておしゃれ」というところを目指すなら、着地点は変わってくるということです。

おしゃれなものが好きな人。
ブランドものが好きな人。
流行りものが好きな人。
「物を持つ」ことそのものが目的にならないようにしてください。

時折、全体のファッションには不釣り合いな感じで、100万円級のブランドバッグを持った人を見かけることがあります。よれよれの服やヒールのすり減った靴でいても、「これさえあれば大丈夫」と、武器か鎧《よろい》のような感覚で高級バッグを持ってしまっているのです。それは見栄や所有欲であって、おしゃれ心ではありません。

たいてい、そういうバッグの持ち方をした人を見かけるのは地下鉄の中。でも本来、高級バッグを持つのは電車に乗らないくらい余裕がある人です。高級バッグを持って地下鉄に乗って単に「100万円のバッグを持っている人」になってしまう前に、ほかにお金と気を回すところがあるはずです。

コンサバエレガント女性が持っていたハンカチ

これは極端な例ですが、上から下まできっちりとコンサバスタイルで固めたエレガントな女性と話していたら、彼女がふと出したタオルハンカチがいつ洗ったのかと思うほどしわくちゃボロボロで、ギョッとしたこともあります。

髪がバサバサ、はげかけのネイル、あるいはつけすぎの香水や最近ブームになっている柔軟剤の匂い（もはや「香害」レベル！）など、おしゃれ以前の「基礎」の部分がガタガタになっている人が案外います。清潔感がなければ、高い服を着ていても台無し。基礎をおろそかにしないことはおしゃれの大前提です。

繰り返しますが、人はプラスポイントよりマイナスポイントのほうが強く記憶に残るもの。先ほどの人も、せっかく素敵な装いをしていても、「エレガントな人」ではなく、「ハンカチが汚い人」という印象になってしまうのです。

飾りはあくまで、土台があってのこと。トレンドのアイテムを次々取り入れる前に、マイナスポイントを作らない心がけを忘れないでください。

「得点を稼ぐ前に、減点を防ぐ」ことこそ、おしゃれ勝者になるための堅実な作戦です。

③「流行を取り入れている＝おしゃれ」という罠

流行のアイテムには、時代の空気がパッケージされています。

今という時代にシンクロして生きるフレッシュな女性であり続けるためには、やはり積極的に取り入れたいもの。

トレンド色が強いほど鮮烈でカッコよく見える分、賞味期限は短くなるので、買ったら短期間で使い倒すのがコツです。

けれど気をつけていただきたいのは、今と昔では流行の数が違うということ。

昔は流行の数が少なかったのですが、今はいろいろなものがたくさん同時に流行る時代です。しかもサイクルも速くなっていて、３カ月もすればすぐまた新しい流行がやって来る状態なのです。

ですから、積極的に取り入れたいとはいっても、流行のすべてをいちいち追わずに、そのなかから「これならいける！」という、自分に合うものだけを選んで取り入れていればOK。似合わないと思うものには、無理に手を出さず、どんどんスルーしてください。「どうして私はみんなみたいにこれが似合わないの？」なんて、落ち込む必要はまったくなし。大丈夫、すぐまた、次が来ますから。乗りやすい波だけに乗っていきましょう！

④「若い人の服＝おしゃれ」という罠

化石化するファッションとは？

誰でも、いつまでも若くきれいでいたいと思うのはもちろんのこと。けれど、そういう思いが時に間違いの罠につながってしまうこともあります。

たとえば、40代、50代の方。若く見せたい思いが強すぎるあまりについやってしまいがちなのが、自分が若かった頃に戻ろうとしてしまうこと。

そうではなく、今の自分を受け入れたうえで、今の自分に合った、今の空気を体現している「今の服」を着続けること。それが、若い気持ちを持ち続けるということであり、「若さ」なのです。

みなさんが20代の頃に流行っていたような服やメイクで、20代当時の姿をそのまま再現してみせても、それはあくまで「昔の若い人」の格好であり、今の時代のものではありません。そこで立ち止まったままでは、「化石」になってしまうのです。

若者たちからすれば、そんなズレてるオバさんの言うことを聞く気にはならないでしょうし、一緒に仕事をしても「どうせオバさんだしな」と思われてしまうでしょう。ましてや、一緒に遊びに行きたいとも思わないはずです。

だからといって、いい大人が今の若者の格好をそのまま真似するのも間違い。「若者の服」＝「今の服」ではありません。30代、40代、50代、それぞれの年代の「今の服」があるはずです。

つねにそれを身につけることを心がけていれば、いくつになっても「今っぽい、若々しい人」でいられるのです。

「サイズがぴったり」＝「似合う」ではない

特に、昔からずっと服のサイズ感が変わらない、細め体形の人は要注意。若い服でも体が入るので、つい着てしまいがちだからです。

50代の方が「娘と同じブランドの服が着られるわ」といっても、他人からそれがおしゃれに見えるでしょうか？　ショップの店員さんも、体が入れば「ぴったりですね」と言って売ってしまいますが、「ぴったり入る」ことよりも、「今のあなたに似合うか似合わないか」を考えることです。たとえば、ショートパンツが流行ったとき、私世代でもはいている人がいました。けれど、20代の膝小僧と50代の膝小僧は違います。

30代の方にも、これは今から気をつけていただきたい罠です。

まだ若さが残っていて、大人になりきれていないだけに、ついずるずると大学生と同じような格好をし続けてしまいがちではありませんか？　私自身もそのくらいの頃は、相当若い格好をしていたからよくわかります。

けれどその後、いろいろな服が急に似合わなくなる時期がやってきます。そのときを、フワフワした気分のまま迎えてしまった場合のショックは計り知れません。

今の人は若々しくて、昔よりも10年くらい若い気持ちで生きられるのは確かです。でも、あまりにそこに溺れすぎていると、自分の現実を見誤ってしまう場合があるということです。

好感の持てる若々しい姿と、イタイ若作りは違います。どうせなら、いつまでも時代にフィットした若々しい自分でいたいですよね。

リアルな時代と自分に、ぴったりフィットした服を着ているカッコいい大人になるために、今からそのことを心の隅にとどめておいてください。

chapter

3

いらない服とすっきりお別れする方法

大人の緊急課題は、「抱え込み服」の大処分！

おしゃれ度を下げる、よけいな服を増やしてしまう原因について、1章、2章と続けてお話ししてきました。あなたのクローゼットにうっかり入り込んでしまった、あなたのおしゃれ度を引き下げる「敵」がどの服か、もうだんだんわかってきましたね？

1章でお話ししたとおり、30代以上の大人なら、よけいな服の処分にすぐさま着手してください。とにかく、覚えていられないほどの服を持っていること自体、すでに異常な緊急事態であると肝に銘じること。

持ちすぎていると、本当は持っているはずの素敵な服を発掘しにくくなるし、シワもつきやすくなるし、いいことはありません。

捨てる決心がなかなかつかないという方も、覚えていないということはすでに持っていないのと同然でしょう？　それを友人に置き換えて考えてみれば、携帯電話のアドレス帳に残っている、「この人……誰だっけ？」という謎のアドレスの人みたいなものです。誰だかわからないなら、間違いなく、今後その人に連絡することはないでしょう。それなら、消去しても困ることは決してないはず！

とはいっても、いらない服と上手にお別れするには、やっぱりちょっとしたコツがあります。このコツにしたがえば、「いる服」「いらない服」の線引きがもっと楽で明確になりますから、ぜひやってみてください。

すっきりしたら、今後は引き出しでもクローゼットでも、そこに入るだけの分しか持たない、ハンガーの数を決して増やさないことを目標にするのを忘れずに！

捨てるべき服① 朝、鏡の前で脱ぎ捨てた服

まず、朝の身支度のとき、「今日はこれを着よう」と一度着たものの「やっぱり……」と、鏡の前で脱いだ服。それはクローゼットに戻さず、そのまま処分してください。

「えーっ、厳しい！」と思いましたか？

でも、脱ぎ捨てたのには何らかの理由があるはずです。

たとえばパンツを5本持っているとして、そのうち3本はすごくよく似合うけれど、もう1本はあまり似合わない、そして最後の1本はもうはいたとたんに体重が6キロ増えて見えるようなものだったとしましょう。となると、その2本をはく機会は限りなくゼロに近くなるはずです。

ほかにも、まだきれいだけれどデザインが古いとか、今の気分に合わないとか、さまざまな理由が考えられます。

こうして、持ってはいても実際に着る服というのは、おのずと決まってくるもの。だから、脱ぎ捨てた服は、そのまま今後もずっと着ることはない「いらない服」決定なのです。

服は男と同じ

それでもまだためらってしまう、という方はこう考えてみてください。

「服は男と同じ」だと。

今楽しくつき合える彼氏がいるのに、前の彼氏とわざわざデートなんてしないでしょう？　むしろメールするのさえおっくうになりませんか？

服だってそれと同じ。今の自分にしっくりこない昔の服は、着ていても楽しくないのです。だから、ここできれいにお別れしましょう。もったいないなんて思わなくていい。その服はもう十分に、あなたに楽しい思いをさせてくれたのです。その思い出だけを心にとどめておけばいいのです。

「ありがとう。今まで楽しかったわ」——そう心の中でつぶやきながら、私の場合はクローゼットの前に用意してある処分袋に、そのまま入れてしまいます。

「うっかり着てしまう」のを避けるには

「どうしてもすぐに捨てなければいけないの？　とりあえず箱にしまったりして分けておけばいいんじゃない？」と思う方もいるかもしれませんね。

でも、持っていてはだめです。

なぜかというと、あると「うっかり」着てしまうからです。

忘れた頃に「うっかり」また着てしまって、やっぱりまた脱いでしまい込むなんて、忙しい朝に時間のムダです。

もっとよくないのは、部屋着のつもりで取っておくこと。

みなさんのなかには、お家《うち》で過ごす時間が長い方もいらっしゃるでしょう。そうしたら、「お家で過ごす」という行動が、あなたの一日の活動のメインになります。あまり外に出ないからどんな格好でもいい、というわけではありません。活動の中心となる大切な時間にイマイチな服を着て、わざわざ気分を下げることはありません。

それに、部屋着のつもりが「うっかり」それを着て外に出て行かないと言いきれるでしょうか？　だいたい、そんな格好をしているときに限って、いちばん見られたくない人

——おしゃれライバルとか、ちょっと気になる男子とか——に会ってしまうものです（そして「ダサい人」の烙印を押されます！）。

部屋着が必要なら、ファストファッションのお店に行って、そこでいちばんかわいいリラックスウェアを2〜3セット買いましょう。そのほうが、ずっと気分よく過ごせます。

「うっかり」の罠

それに、「うっかり」微妙なものを着てしまうということは、それだけ素敵な服の登場回数を減らす、ということでもあります。ひとつの服をワンシーズンに着られる回数は、意外に少ないのです。

たとえば、冬のシーズンを約3カ月としましょう。すると、だいたい100日。たった100日です。

その間、コートを着る機会は何回あるでしょうか？　その100日の間にわざわざイマイチのコートを入れて、いちばん素敵なコートを着る機会を減らしてしまう必要が、果たしてあるでしょうか？　さっきも言ったように、イマイチのコートを着ているときに限って誰かに会ってしまうものです。

今年のコートを1枚買ったなら、それをシーズンの80％は着倒すつもりでいくべきです。そうすれば、今年という最新の時代の気分にフィットしたコート姿で、シーズンの80％を「今っぽいおしゃれな人」として過ごせます。でも、そこに昔の服を引っ張り出したら、今はもう過ぎてしまった「昔の気分」の占める割合が、それだけ上がってしまうことになるのです。

特に、私は50代に入って、「あと何回こういうデザインの服が着られるかしら」ということをよく考えるようになりました。服を着る回数だって貴重なのです。

もちろん、31歳のあなたの夏も、44歳のあなたの冬も一度きり。そんな大切な時間に、イマイチのものを着て過ごしているヒマなどありません。

だから、いらないものを取っておいてはいけないのです。

捨てるべき服② 実は着ていない服

クローゼットのバーにリボンを結びつけて、目印にします。毎日服を着たら、そのリボンより右とか左の一方に着た服を移していってみましょう。そうして1週間も様子を見ると、服は自然と分別され、実は着ていない服がわかります。

シーズン外のアイテムでもない限り、これらも鏡の前で脱いだ服と同じく、今後着る可能性はない服ですから、処分してOK。

引き出しがパンパンになっている人も、着たものを洗濯したら引き出しの手前に戻すようにしてみましょう。引き出しの手前、真ん中、奥のうち、ずっと奥に行きっぱなしのものが着ていないもの。これも処分していいでしょう。

引き出しの整理といえば、私はかつて大量のソックスを持っていたのですが、A4用紙2枚分より少し大きいくらいの小物用ケースに夏物と冬物の仕切りをつけて、気に入っている順にソックスを入れていき、入りきらなかったものを処分して3分の1くらいに減らしました。すると、はきたいものはすぐ見つかるし、いたんできたものを買い替えるタイミングもわかりやすいし、あんなに持っていたのは何だったんだ！　というくらい、何の問題もありません。

その後は、ひとつ買ったらひとつ捨てるようにして、一定数をキープしています。

捨てるべき服③　似合わなくなった服

衣替えのとき、「今日は半日家から出ない！」くらいのつもりで、クローゼットから服を全部引っ張り出し、全身が映る鏡の前で1枚ずつ着てファッションショーをしてみましょう。

すると、去年まで自分を最高にカッコよく見せてくれていたはずの服が、なぜかまったくそう思えなくなっていることがあります。

それは、髪を切ったり体形が変わったりというあなた自身の変化のせいかもしれないし、世の中の流行が変わったせいかもしれません。

いずれにしても、そういう服も無理に着続けたところでよいことはありません。クリーニングに出す前に、処分してしまいましょう。

昔、海外旅行に行ったときに買ったハイブランドのバッグなどもここに入ります。特に、40代、50代の方は、バブルの残骸とも言うべき、ハイブランドのバッグを死蔵していないでしょうか？

「高かったし、有名ブランドだからもったいない」と思ってしまい込んでいて、たまに思い出したように引っ張り出して使ってみる。でも今は洋服がカジュアルになっているので当時のデザインが釣り合わなくて、やっぱりダサく見えてしまう——ああ、恐ろしい！　いくら高い、ハイブランドのものでも、それを持つことでダサくなってしまったら笑い者です。

こういった、「高かったから捨てられない」というものも、数が増えてくるとあなたの足を引っ張る「沼」になります。そう、ワードローブのおしゃれ平均値をぐっと引き下げてしまう、強力な負のアイテムなのです。

少しずつ、定期的に行いましょう

服の処分の原則は、とにかく「自分にマイナスポイントを与えるものを家に置かない」ということです。

でも、そうして服を整理するのは、「一気に」ではなく「徐々に」でOK。

私もいっぺんには整理できず、時間を見つけて少しずつやっている状態です。忙しいせいもあるけれど、やっぱりチキン（臆病者）になってしまうからです。服を捨てるのは、それくらい思いきりや勇気がいる大変な作業だといえます。

でも、減るとやっぱりいい。

1章でお話ししたとおり、今は心からそう思っています。

もっと言うと、理想は、旅行のときのワードローブです。

スーツケース2個分くらいの服で、オールシーズン生きていけるのが理想。江戸時代の人がつづらひとつで生活していたみたいに、いつでも家出できるくらいの量の服で暮らすのです。

不便を楽しむ

旅行に行くと、人は、欲しいものがすぐに手に入らなかったりと、いつもよりちょっと不便な状況に置かれます。でも、その不便が逆に楽しい。初めからたくさんなければ、その中で組み合わせを工夫したりするようになるのです。

私は旅行に出たら、多少の肌寒さはストール1枚でしのぐことにしています。それでもどうしても必要になったときだけ、最低限のものを買い足すのですが、本当に必要で真剣に選んだものなので、旅先から帰ったあともとてもよく使えるのです。

普段の生活も、それでいいのではないでしょうか。本当に必要になった時だけ買い足すのです。

今は物があふれすぎているから、持っていないと不安になるのもわかります。「この年代ならこれくらいなくては」という考え方をする人もいるかもしれません。

でもこれから、時代はもっと変わっていき、今までのやり方はますます通用しなくなっていくでしょう。そのとき、身軽なワードローブなら、変化にも対応しやすいはず、と思います。

だから今は、自分の生活と服を見直すチャンス。そしてこれからも、30歳、40歳、50歳くらいのタイミングで見直していく。

もしこれをしないで、増え続ける一方の服や物に囲まれていたら、どんどん身動きできなくなってしまいます。

人生と服は一緒なのです。

さあ、今から身軽になっていきましょう。70歳で気づいてやろうとしても、もうそんな体力、気力がないかもしれませんから。パワーのある今のうちがチャンスです。

だいたい、ゴミだって、今後いつまでただで出せるかわからないではないですか！

chapter

4

理想的なワードローブ大検証！

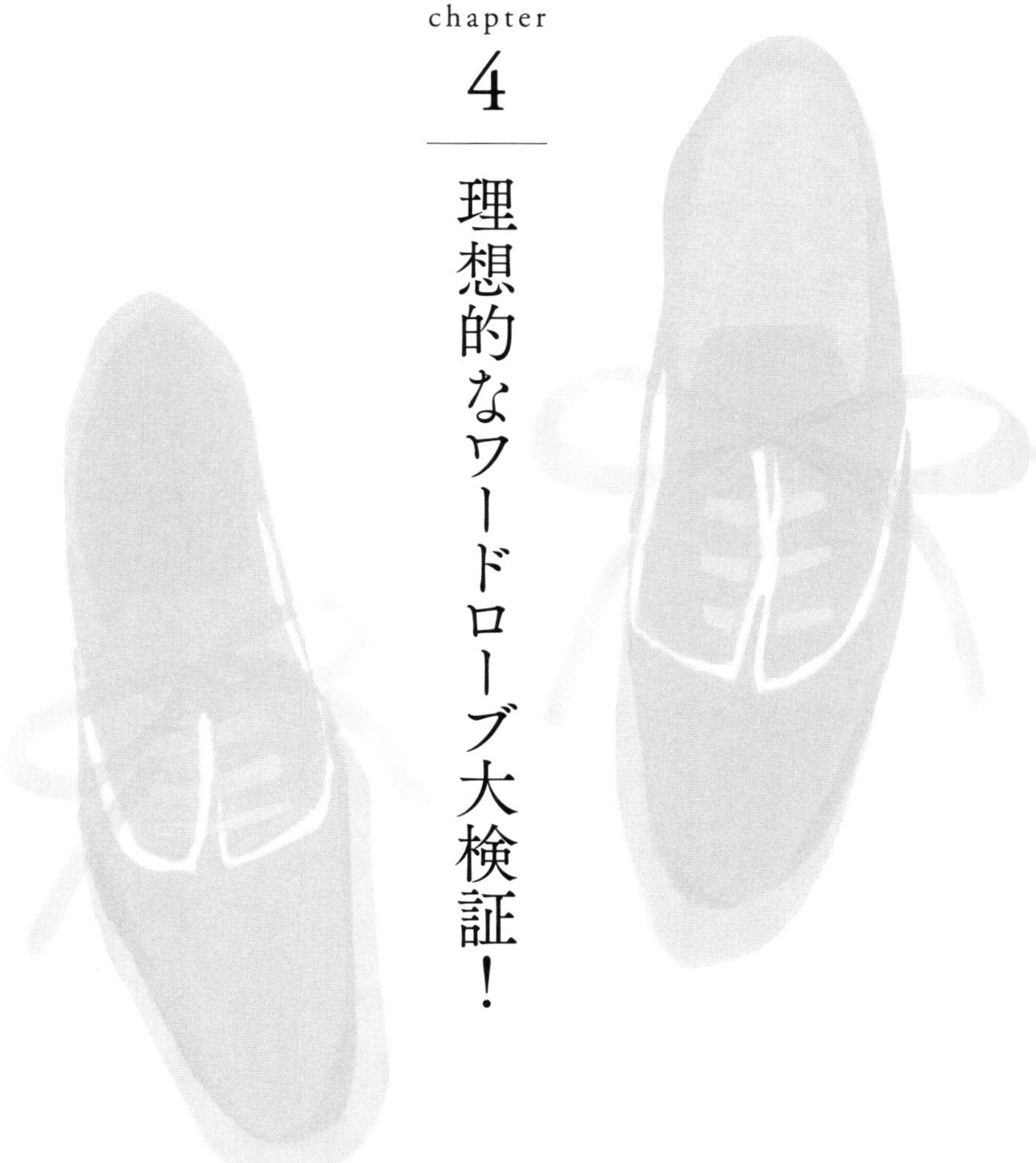

本当におしゃれなワードローブ、4つの要素

さて、前章で、あなたのワードローブは相当すっきりしたはずです。

次は、そういうよけいな服を排したあと、新たに組み立てるべき「理想的なワードローブ」とはどんなものなのかについて、考えてみましょう。

まず、ワンシーズンの約3カ月に対して、アイテムの数はだいたいこのくらいが理想です。

・普段履きの靴　2〜3足
・トップス　10〜15枚（ニットやブラウスなど。Tシャツ類も含む）
・ボトムス　3〜4枚（スカート、パンツ。あるいはどちらかだけでもOK）
・ジャケット、カーディガンなどの羽織りもの　2枚

冬なら、ここにアウターが1～2枚入ります。

さらに、好みによってボトムスにデニムを足したり、靴にブーツ、スニーカー、バレエシューズを足したり、あるいはスポーツウェアなど趣味のための服を足してもOK。

下着は、ブラジャー3～5枚、ショーツ10枚程度といったところです。

この総量を超えないように、ワードローブを維持できれば最高。このくらいが、ちゃんと着られて面倒も見られる実際の数です。

では、これらをどんな観点でどう揃えていけばいいのでしょうか？

次の項で具体的なアイテムについて解説しますので、今のあなたのクローゼットの中身や、今月買ったものと照らし合わせてみてください。

理想のワードローブ4つの要素　その①
靴にいちばんお金と愛をかけている

靴は、特に大人になったら服より優先して考えるべきアイテムです。

その日の服を決めるとき、まず全身をコーディネートしてから、最後に靴を決める、という人が大半ではないでしょうか?

でもこれからは、コーディネートを考えるときは、靴から決めるのが鉄則です。

出かける前に、一生懸命首をひねって完璧に服を組み合わせても、最後に玄関で「あっ、今日は一日歩くからスニーカーを履くんだった!」とか、「外に出たら意外と寒いからやっぱりブーツがいい……」とかいうことは、よくあります。

そういうとき、10代の若い女の子たちなら、それでも無理を押してカッコよく見える方の靴を履き、長時間我慢して過ごせるかもしれませんが、大人はそうはいきません。先へいくほど、履ける靴は限られてきます。

だからこそ、「大人はまず靴」なのです。

バッグより靴を身につけている時間のほうが圧倒的に長い

日本人は、履きものを玄関で脱ぎ履きする文化を持つ民族ですし、特に西洋化する以前の日本では、旅や外仕事などの場合を除けば、長時間にわたって履きものを履くこと自体があまりなかったのではないでしょうか。だからつい、靴を後回しにしてしまうのかもしれません。

けれど、現代の私たちは、ほぼ一日じゅう靴を履いて過ごしています。

多くの人は、ブランドものとはっきりわかるバッグにお金をかけていますが、あなたを一日じゅう支えて遠くまで運んでくれる靴に比べると、職場やカフェなどに着いたら手から離してしまうバッグの持ち時間は短いものです。

ということは、決して靴を適当にはできないし、ある意味高級バッグを買うよりも、その分靴に予算を回すほうがずっと堅実ということです。

価格帯で言うと、多くの人が手を出しやすいのは6800円くらいの手軽なものから、セールで1万2800円くらいのものでしょう。ですが、今後、靴だけは「迷ったら高いほうを買う」くらいの意識で選んでください。

そのかわり、数はたいして必要ありません。

ライフスタイルや年齢によって、よく履くタイプの靴は自然に決まってくるもの。たとえば、外回りのない一般事務的なお仕事をしている方なら、コインローファーなどのフラットシューズと、4センチくらいの低寸《ひくずん》のパンプスの2足だけでも、普段から冠婚葬祭まで十分対応できるでしょう。

それで脚がきれいに見えて履き心地のいいものなら、週に3回4回と履けるはず。年間通してそれだけ履ければ、たとえ5万円10万円しても、コストパフォーマンスは十分といえます。


5万円でも元は取れる！


5万円の靴、なんて聞くと驚く方もいらっしゃるでしょうが、「安かったからなんとなく」でポロポロ買ってしまうものを減らせば、そのくらいの予算は結構出てしまうと思います。

だいたい、3800円から1万2800円くらいの価格帯だと、服でも靴でも、あまり真剣に検討せずに衝動買いで買ってしまったりしませんか？　ワンシーズンで使うそういうお金を合計したら、5万円くらいになってしまっているかもしれません。それらを靴に投資するのです。

安い靴でも、たくさん抱えればヒールなどのリペア代はその分かさんでしまうもの。それより、最初の投資が高くついても上質な靴だけをきちんとリペアしながら長く使えば、十分に元は取れますし、高いものだとそうしてまめに直したり磨いたりと大切に扱うので、結果的にいつも素敵できれいな足元をキープできます。実は、私が今履いているエルメスのブーツも、底を貼り替えながらもう8年くらい履いているお気に入りです。

ちなみに、憧れのハイブランドで靴に投資するなら、セレブのようなゴージャスなヒール靴をオケージョン（特別な機会）用に買うより、こういう普段使いできるものを選んだほうが断然お得です。

あの芸術品のようなヒール靴は、極端に言えば、履いて歩くための靴ではありません。セレブたちは、パーティやコレクション会場で写真を撮られるときだけあれを履いて、終わったらちゃんと持参のフラットシューズやサンダルに履き替えているのです。

各ブランドには、そういう華やかなコレクションラインとは別に、実用度の高いデザインを展開する「コマーシャルライン」というものがあります。ごくたまに、しかもせいぜい数時間履くのが精いっぱいのヒール靴より、そういう普段からたくさん使えるデザインの靴を週に3回4回履くほうが、高めの初期投資をしたとしても決して「もったいない」ということにはなりません。

「履きやすい靴」ではなく、「履き心地がいい靴」を選ぶ

私はかつて、すぐ履けてすぐ脱げる靴ばかりを選んでいたのですが、あるとき気がつきました。「履きやすい靴」と「履き心地がいい靴」は違うのです。

紐《ひも》やバックルなどを締めて履く靴は、履くときは面倒ですが、一度履いてしまえば足にぴったりフィットして、一日快適に過ごせます。私が毎回、靴べらを使って細い履き口にようやく足を入れているアレキサンダー ワンのショートブーツも、履いてしまえばあとは履いていることを忘れてしまうほどの快適さ。

かつての日本でも、旅などで長時間履くのは脱げにくいわらじで、それ以外は下駄を履いていたわけで、履くのが簡単な靴は長時間の着用向きではない、といえます。

いい靴は、「スルッ」ではなく「ピタッ」なのです。よく、足入れのよさを売り物にしたコッペパンのような形の靴がありますが、中で足が動くほど余裕があると、かえって疲れるし靴擦れができてしまいます。そういうわけで、私は40歳を過ぎてからは、履き心地のいい靴を履くためのベンチと靴べらを玄関に置くようになりました。

靴が服を格上げする

上質な靴があると、毎日のおしゃれ度も格段にアップ。私たち業界人がおしゃれチェックの際にまず見るところは靴なのです。たとえ着ている服が全部今年の新作でも、靴がよくないと「残念ね」になってしまいますが、逆に服がまあまあでも靴がいいと、全体までよく見えるものです。普通なら躊躇してしまうような、バックルが3つもあったり長いジッパーや紐などがついた靴をきちんと履いているのは、往々にしておしゃれな人です。

一方、安いばかりで質の悪い靴は、おしゃれ度を下げるばかりか、女性をブスにしてしまいます。

すぐ足が痛くなって歩けなくなり、疲れのせいで目の下にクマはできるし、顔全体がハリを失って重力で下がってくる始末。そんな極限状態では、女性らしくエレガントに振る舞う余裕なんてなくなってしまいます。心がイライラ、トゲトゲして、電車に乗れば人を突き飛ばしてでも座りたくなってしまうでしょう。

10代、20代の頃のおしゃれは、言ってみれば「無理をきかせたおしゃれ」です。まだ若くてパワーがあるので、寒々しい格好だろうと、見た目重視の疲れやすい靴だろうと、何とかやりすごすことができたもの。

けれど、大人が年齢にふさわしいエレガントさと美しさを保とうと思うなら、気力体力を浪費するわけにはいきません。

全体重を支える土台である足のために、靴選びは決して妥協しないでください。

まだ若いみなさんも、今から靴に対する考え方を変えておけば、40代、50代になっても素敵な女性でいられますよ。

理想のワードローブ4つの要素　その②
「今」使えるものだけが入っている

キーワードは、「今週2回以上着たい服」


今の行動範囲。

今の生活様式。

今の時代の気分。

この3つに合っているのが、自分が着ていても心地よく、人から見てもおしゃれに感じられる服です。

人間は、日々変わっていくもの。

「前は仕事に出ていたけど今は家にいる」とか「最近自転車に乗り始めた」とか、人生がさまざまに変化していく中で、自分の「今」に合わない服は、どんなに思い出や思い入れがあっても、どんなに好きなデザインでも、メインアイテムにはなり得ません。

かつて似合っていた服ではなく、いつか着るつもりの服でもない、「今週2回以上は着たい服」を、つねにワードローブのメインアイテムにしましょう。

自分の「今」にフィットしている服は、似合うし使いやすいので、何度でも繰り返して着たくなるものです。

けれど、そうではない服は、すぐに飽きてしまったり、どこかちぐはぐに感じられたりで、どんなにたくさんあっても満足できません。その結果、「また新しい服が欲しい」という気持ちを引き起こしてしまうのです。

3カ月の間にどれだけ着るか

ワンシーズンをだいたい3カ月と見て、その3カ月の間にどれだけたくさん着られるかが、「今使える」服選びの基準になります。

そのとき、「来年もまた使えるようなものにしよう」と考えてはいけません。来年には来年の「今」があるし、あなた自身が変わる可能性もあるからです。

その証拠に、「前は似合っていたのに今は似合わない」と思う服がある人は、それを着ていた頃の写真を見てみてください。髪の色や質、メイクなどが変わっていることに気づくはず。あるいは年齢による多少の変化もあるでしょう。

それで気に入っているものが似合わなくなってしまうのは悲しいけれど、そうなるのはあなただけではありません。誰にでも起きることです。

また、「今」にフィットした服を手に入れても、昔の古い服と組み合わせると、とたんに魅力が半減してしまうこともあります。組み合わせていちばん素敵に見えるのは、やはり「今」の服だったりするのです。

私の場合は、今年買ったパンツがあるのに、気に入っていた数年前のパンツをつい引っ張り出してはいたがために、せっかくのコーディネートがどん底に落ちてしまった経験があります。たとえ、数年前のブランドもののパンツより安くても、今年の形をしたファストファッションのパンツがあるなら、そちらをはくべきです。

「今」の服に夢中になりましょう。でないと、今の服にも昔の服にも失礼です。

昔の服を、わざわざダサい形でよみがえらせるなんて、かわいそうでしょう？

理想のワードローブ4つの要素　その③
内容に偏りがある

おしゃれな人はワンパターン

「偏りがある」というと、何だか悪いことのように聞こえるかもしれません。

実際、私のところにも「ワードローブが同じようなものばかりになってしまうんですけど……」というご相談がよく寄せられます。

でも、ワードローブに偏りがあるのは失敗ではなく、むしろ成功です。

それは、その人の「スタイル」ができているということだからです。


ジャクリーン・オナシスやオードリー・ヘップバーンの名前を聞くと、彼女たちが着ているもの、髪型、メイクなどがパッとすぐ浮かんでくるでしょう。

それは、彼女たちのファッションや顔がいつも同じ、ワンパターンだから。そのワンパターンこそが、「スタイル」なのです。

スタイルとは、究極のワンパターンのことです。

おしゃれな人は、みんなスタイルを持っています。

おしゃれになるということは、自分のワンパターンを見つけることなのです。


現代のファッショニスタだって、例を挙げればきりがないほど。

ソフィア・コッポラはいつもボーダーにデニムかブラックパンツだし、テイラー・スウィフトはいつもミニワンピースに赤リップ。映画『プラダを着た悪魔』にも、アナ・ウィンターをモデルにしたファッション誌の鬼編集長が、廃番になったエルメスのスカーフの在庫をすべて買い占めるシーンが出てきますね。

ですから、これまでもお話ししてきたとおり、「人に同じ服ばかりだと思われたくない」というプレッシャーで、無理にバリエーションを増やす必要はないのです。私なんて、ホワイトデニムが大好きなので夏用と冬用に分けて5～6本も持っているほど。

パンツしかはけないならパンツばかりでいいし、黒い服が落ち着くなら黒ばかりでOK。それが、今のあなたのスタイルということです。

「定番」「マストハブ」は絶対ではない

流行に乗るか乗らないかも、あなた本位で決めましょう。

一時期、トレンチコートが流行って誰もが着ていたことがありましたが、ひとくちにトレンチコートといっても、丈のバランスや素材感、ベージュの色味などはさまざまなので、その中から似合うものを探すのは結構難しいのです。それを、ただ「流行ってるし、定番だから」というだけで買ってしまった人が多かったのでしょう。正直なところ、私から見て本当によく似合っていると思える人は少ないものでした。

このトレンチコートのように、雑誌や誰かがどんなに「定番アイテム」「マストハブ」と呼びかけてきても、それがあなたに合っていなければスルーしてしまってＯＫ。雑誌に言われる筋合いはなし！　それは、あなたのスタイルではないということです。

ファッション修業期の10代、20代を終えて30代に入ったら、トレンドに流される前に、少し立ち止まって考える余裕を持ちましょう。

もし、あなたの手持ちの中に数年続けて着ていられる服があったら、それはあなたがトレンドではなく、自分自身のスタイルで選んだ服だった、という証拠です。

もっとも、一生は長いのですから、その間に自分のスタイルがいろいろ変わっていくのは自然なことです。

自分自身が、「最近なんだか面白くないな」と退屈に感じたときは、新たな出会いを求めて違うものを試してみましょう。それで上手くいったら乗り換えればいいし、やっぱり今のほうが落ち着くと思えば、また戻ればいいのです。

理想のワードローブ4つの要素　その④
自分の得意分野、好きなものを極めている

これは、その③のワンパターンにも通じることです。

「あなたはパンツが似合うわね」とよく言われる人はパンツを極めればいいし、ブルーのセーターを着ているときに「ブルーが似合うわね」と言われたなら、「私といえばブルー」にすればいいということ。

「パンツ」や「ブルー」だけでもかなりのバリエーションがありますし、自分の得意分野、好きなものを伸ばせば、それだけあなたが素敵に見える日が増えます。それらがやがて、あなたのスタイルになっていくわけです。

ファッションをスポーツの試合に置き換えてみると、自分の得意分野や好きなものというのは、確実に点が取れる得意競技のようなものといえます。そこで勝負すれば、1点なり2点なり必ず得点できる→素敵、おしゃれという評価につながるわけです。

それをわざわざ、「フレアスカートは似合わないんだけど挑戦してみようかな」なんて、本当はテニスが得意なのにスカッシュで戦おうとするようなもの。苦手なところで逆転勝利を狙って案の定大敗↓微妙、ダサいの烙印を押されてしまいます。

ハズしアイテムにご用心

また、ファッションの世界でよく聞く「ハズしアイテム」というのも、キマれば大きい強力な必殺技なのですが、強力だけに手強くて、試合に確実に勝ちたいと思うとなかなか難しいところがあるもの。

たしかに、おしゃれというのはちょっとハズすことなのですが、土台が甘いところにハズしを入れすぎると、「おしゃれな人」ではなく、単に「おしゃれが好きな人」になってしまいます。あくまで、土台をしっかりさせたうえで、ちょっぴりだけハズすのがコツなのです。たとえば、エレガントなコンサバスタイルにカジュアルなチャンルーのブレスをひとつだけ合わせてみたりすると素敵ですよね。

そのように、やるならほんのわずかな範囲にとどめておくほうが賢明でしょう。ハズしアイテムは薬味のようなもの。入れすぎは禁物です。美味しいラーメンにコショウを入れすぎて台無しにするようなことは避けてください。

逆転ホームラン級のおしゃれテクはプロのファッショニスタに任せておいて、リアルな日常を生きる私たちは、得意なおしゃれで小さくても確実に点を取ることです。もっといえば、「減点ミスだけは避ける」くらいを普段の目標にしましょう。

そのくらいの堅実さが、リアルライフでのおしゃれであると、私は考えます。

chapter

5

買い物に出かける前に

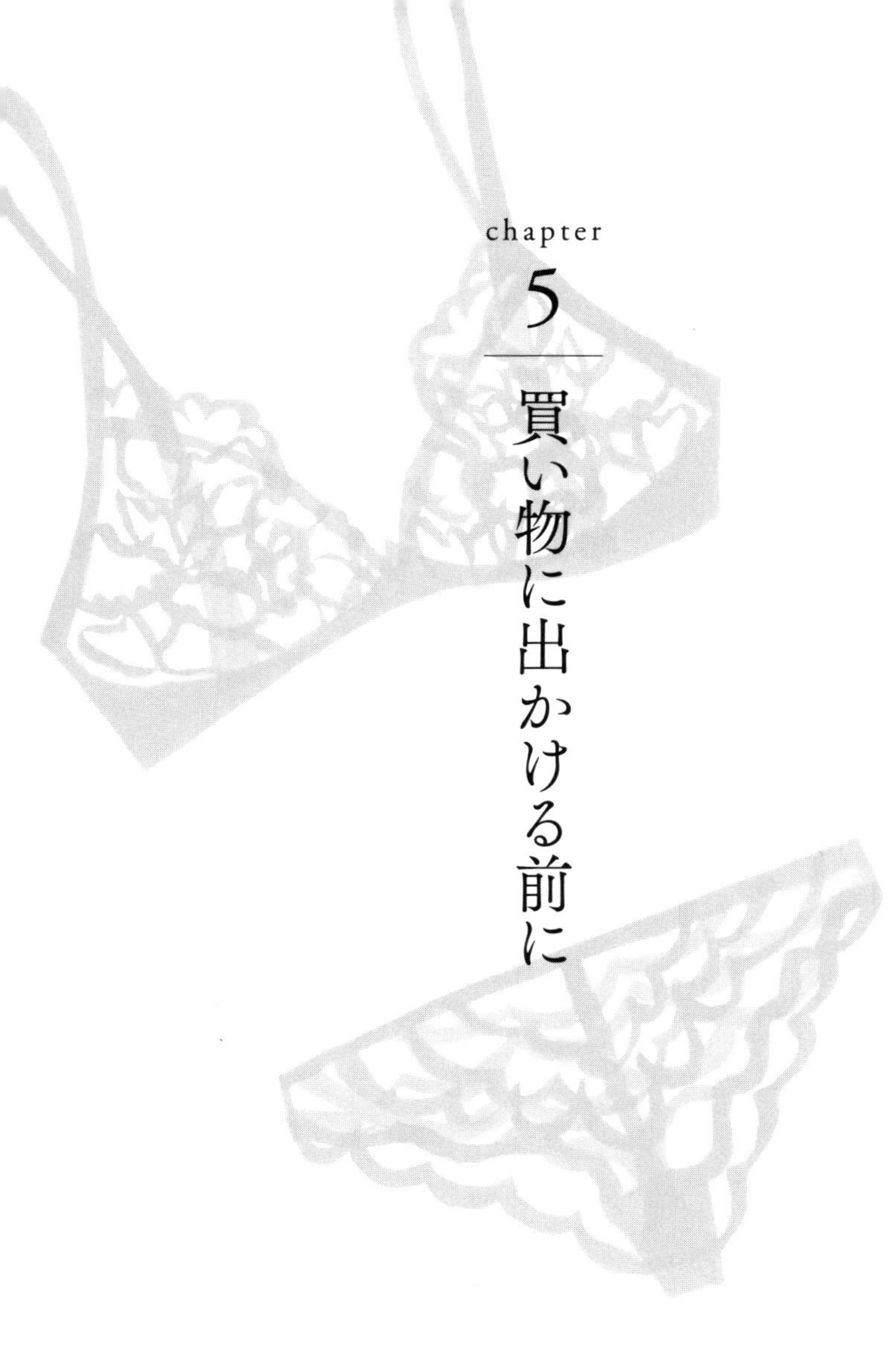

価値ある買い物をしよう！

買い物するのは楽しくて、ついテンションも上がりがち。でも、あとで「やっぱり失敗だった……」なんていうことも多いものです。

一方、ワードローブを厳選するというパリの人たちはなかなか服を買いません。買い物に出かけても、「これは私のスタイルじゃないわ」とクールに見送ってしまうこともしょっちゅう。昔、パリによく行っていた頃は不思議に感じていましたが、今は彼女たちがよく理解できます。

フランスでは、クローゼットは幅1メートルに満たないという小ぶりなもので、そうたくさん服は入りません。その分、彼女たちは自分が持っているブラウスやセーターなどの数をちゃんと覚えています。そして、決して大きなクローゼットを持ちたいとは思っていません。なぜなら彼女たちは、「好きなものだけに囲まれて暮らしていきたい」と思っているからです。

服が少ないから、自分の好みや今必要なものがよく見えている。

だから簡単に服を買わないし、少ないから上質なものが買えるのです。


これからは、買う数を減らすことを意識してください。

5枚を3枚に、3枚を1枚に。そうして減らした分だけ、ひとつひとつのクオリティと満足度を上げましょう。「なんだかちょっと……」と思ったら、買わなくていい。

心から満足できていない服がいくらあっても、結局十分に使えません。するとまた次の服を探したくなり、それだけムダが増えていく……。この悪循環を繰り返すうち、ワードローブのボリュームはかさみ、それなのにこれといったアイテムはなく、日々のおしゃれ平均値はどんどん下がってしまいます。

繰り返しますが、大切なのは「同じ買うなら、素敵な買い物をしましょう」ということ。目的は節約ではなく、より素敵で価値あるものを買いましょう、ということです。本当によい持ち物に満足していれば、またすぐ新しいものを求めることもなくなり、つねにすっきりと洗練されたワードローブを保てます。

素敵な買い物は、素敵な人生を作ります。

これからは本当にいい服だけを着て素敵な毎日を過ごすために、この章では買い物の心得についてお話ししましょう。

出かける前に、一度目を通してくださいね。

買い物に行くときの手順と心構え

買い物の前に必ずやるべきことは、手持ちの服の見直しです。

服を買って帰って来たら、「トップスばっかりこんなにあってボトムスがこれしかなかった……」なんて、アイテムが偏ってしまったことはありませんか？

多くの人は、家の中にある大量の服のことをすっかり忘れたまま、ショップで見かけた新しいアイテムについつい心を奪われてしまいます。

でも、スーパーに行くときは、まず冷蔵庫の中をチェックしてから行くものですよね。ないのはお醤油なのに、みりんを買って帰るわけにはいきません。ファッションも同じなのですが、その当たり前のことを意外としていないわけです。

足りないピースを探して

ワードローブとは、パズルのようなもの。トップスとボトムス、靴やアウターを組み合わせて、そのシーズンの着こなしを完成させるのです。
買い物は、そのパズルの「足りないピース」を探しに行く作業だと考えてください。手持ちのピースを確かめ、本当に必要なものが何なのかをわかってから買い物に行かないと、パズルはいつまでも完成しません。

まずはクローゼットの中を見て、この1週間くらいで着そうな組み合わせをいろいろ作ってみましょう。そのとき、使わず脇によけてしまった微妙な服は、その場で処分。そして、処分したものの代わりに何を投入するかを考え、それをメモしてから出かけましょう。

出かけるときは、組み合わせる予定のトップスやボトムスを着て行くこともお忘れなく。今の服はバランスが独特なので、以前に買ったアイテムと合わせようと思っても、実際試すと着丈やラインが去年のバランスと違っていてしっくりこないこともあります。そういうときは、組み合わせるものも一緒に「今年もの」にアップデートするしかありません。

そしてもちろん、靴も普段いちばんよく履いている靴を履いていきましょう。よく履く靴に合わない服だと、着られる日が限られてしまいます。
前の章の、「コーディネートは靴から決めるもの」というお話を思い出してください。

買っていいのは「今着るもの」だけ

最長でも、1週間以内に必ず着る服を買う

今すぐ必要な服、明日にでも着て行きたいと思う服なら買ってOK。

明日ではないなら、せめて1週間以内に着る服を買ってください。

でも、それ以上先、1カ月後に着ようなどというのはダメです。

そういう、今の気分と生活に乗っていない服は、たいていタグが付いたまますずっとクローゼットにぶら下がっている結果になります。


1週間、1カ月と時が経てば、流行も、自分自身さえも変わるもの。

そのとき、1カ月後に着ようと思って買った服は、すでに「1カ月前の気分の服」。過去の気持ちの服になってしまっているのです。

「いつまでにこんな自分になろう」という計画を立てて服を買っても、その間にいきなり髪を切りたくなったり、カラーを変えたくなったりと自分自身が変わることもあれば、彼氏ができたり、子供が生まれたりと生活環境が変わって、着る服の雰囲気を変えたくなったりするかもしれません。

それに、最近は気候が不安定で、季節の先取りもしにくい状態です。思ったよりずっと寒くなったり温かくなったりして、前もって買っておいた服が着られなかったということはありませんか？　私は、スプリングコートやサマージャケットを買っておいたのに、冬から春を通り越してすぐ暑くなってしまったので、まったく着る機会がなかったシーズンがありました。

ファッション業界では、まだ冬が終わらない2月までには夏服の展示会を済ませます。そこで一般に先駆けて服をチェックし、予約を入れておくことを「展示会キープ」といいますが、ファッションのプロである私たちといえども、展示会キープにはハズレが多いということに最近ようやく気づき始めたのです。今では私も、展示会キープの数を減らしています。

「流行りそうなもの」には手を出さない

ファッション誌のトレンド予測にしても、今や予測が外れる事態も多々起きています。雑誌を信じて服を買ったら「いつになっても誰も着てない……」とか、逆に「突然これが流行るなんて」といったことも起こります。もはや、ファッション業界とストリートではトレンドが別なのです。

メディアがどんなに「流行る！」と言い張っても、普段に着るのが難しいとか、合わせるのが難しいアイテムだったりすれば、結局一般には定着しないものです。

そんな、ごくひと握りのファッショニスタしか買わないかもしれないものをゲットしても、「素敵ね」と言ってもらえるかわりに「スゴイね〜(それ着ちゃうんだ……)」と微妙な反応をされるだけ。それより、実際に今流行っているものは、多くの人にとって実用性が高いということの証明ですし、評価がすでに固まっているということ。おしゃれ感度は高く見えないかもしれませんが、出番は多いし、ずっと堅実です。

ですから服を買うときは、「今」にフォーカスし、できるだけ短いタームで考えてください。

それがいちばん、ムダを作らない買い方です。

高いか安いかは、着用回数で判断する

服を選ぶときは、それが自分にとってどのくらいコストパフォーマンスがよいものかを考えることも、重要なポイントのひとつです。

自分にとってのコストパフォーマンスのよさとは、「それを買ったら何回くらい着られるか」ということ。

「何年」ではなく、「何回」です。

数年に1回とか、ほとんど着ずに20年保管できたといっても、元を取ったことにはなりません。

ちゃんと着て、活用できるのは何回か。その回数で値段を割ってみましょう。

たとえば、高くて迷っている10万円のコート。

初期投資は大きいけれど、「このシーズンに50日は着られる」という見込みがあれば、1回着用あたりのコストは2000円と考えられます。

一方、3万円のワンピース。

コートよりは手頃ですが、それでも3日くらいしか着る見込みがなければ、1回あたりのコストは1万円と、コスパとしてはコートよりずっと割高になってしまいます。

もしも、友人の結婚パーティなどに着て行くためにドレスが必要だというのなら、今はファストファッションが充実していますから、前日の「駆け込みZARA」で1万円台のドレスを手に入れれば十分。むしろそうやって買ったほうが、今まさに旬のアイテムを着て出席できますから、気分もアガるものです。

最近では20代前半の、月給もまだ手取りで20万円くらいかという男の子が、服はファストファッションでも長財布や名刺入れはボッテガ・ヴェネタのものなどを使っているのを見かけますが、私はちっともばかげたことだとは思いません。毎日使うものにお金をかけているのですから、「使う回数」で考えればとても堅実な考え方です。私たち大人よりも今の若者たちのほうが、こういうコストパフォーマンスに見合った買い物のしかたが、ちゃんと身についているのかもしれません。

存在理由があいまいな服たち

コストパフォーマンスの面から見ても、「今すぐ着る服」は、着て活用することがはっきりしているので損になりにくいといえます。

ですが、「いつか着る服」「何にでも合いそうな服」「持っていたら便利そうな服」は、どれも存在理由が中途半端で、ろくに着ずに終わる可能性大です。

「いつか」はほぼ来ないし、「何にでも合いそうな服」は何にも合わない服です。トップスなら、完璧に合うボトムが1つか2つあれば十分。そのほうがずっとよく使えます。「これとこれにしか合わないから損だわ」なんて、欲張って見誤ってはいけません。

「持っていたら便利そう」というところでは、安いとついやってしまいがちな2色買いがいい例。結局、最初に気に入ったほうの色ばかり着ていることがほとんどでは？　リバーシブルの服なども、「2着分と考えればお得」などと思って買ってしまいがちですが、実際に2通りにフル活用している人は少ないでしょう。

こうしてみると、これらもみんな「バリエーションを増やさなければ」の呪いからきているのがわかります。着こなしの幅を広げようとしても、結局自分の本音に合っている服に戻っていくことになるのです。

週に何度も着たいアイテムなら、色違いではなく同じものを2つ買ったほうが確実。お金を使っていいのは、繰り返したくさん着るものだけです。

コストパフォーマンスで計れない服

ただし、例外もあります。

おしゃれのコストパフォーマンスを計るものさしは、金銭面のほかにもうひとつ、気持ちです。「着ると、自分の気持ちがどれだけアガるか」ということ。

たとえば、1回しか着ないウェディングドレスは、レンタルでも最低数十万円はかかるものです。けれど、その大切な1回のために、心を尽くして素敵なものを選びたいですよね。お稽古事の発表会や、憧れのスターに会えるファンミーティングでもかまいません。

そんなふうに、実際使う回数がうんと少なくても、身に着けると自信が持てて、自分が納得できるのなら、私は決してムダではないと思います。

買い慣れた価格帯から選ぶ

「いつもより安い服」の罠

買うならできるだけいいものを選びたいのはもちろんですが、それもあくまで現実的な予算の範囲内でのこと。

いくら上質なものでも、自分の日常生活の中で使える場面がなければ宝の持ち腐れですし、高級品はクリーニングなどの維持費もそれなりにかかるので、「面倒を見きれない」ということになってしまいます。

ということは、自分の身の丈に合っている、自分の買い慣れた価格帯で買い物をするのがベストということ。

と言っても、経済の締めつけが厳しくなっている今の時代ですから、私の若い頃と違って、無謀な買い物をしてしまう人は、実際、少ないのではないかと思います。

今気をつけたいのは、むしろ安いもののほう。身の丈より低い、いわば逆の意味で慣れていない価格帯にも、罠はあるのです。

たとえばトップスだと、1万円を超えていればちゃんと厳しく検討するのに、3800円くらいだとつい甘くなって、何も考えずにパッと買ってしまったりしませんか？

そうやって安いものに手を出すときというのは、本当にそれが欲しいというよりは、ストレスを発散させているだけだったりするものです。ということは、買った時点ですでに「ストレス解消」という役割は済んでいるので、そのあとはゴミになるだけ。それで結局あまり着なかったというのでは、お金をみすみすドブに捨てているも同然です。

小さい損も、積み重なれば相当な金額です。

ムダ服の代わりに買うべきもの

ただ、気をつけてはいても、そんな服に誘惑されてしまうときもありますよね。そんなとき私は、代わりに同じ金額でウォルフォードやピエールマントゥーなど、高級なタイツを買うことにしています。黒やグレーのベーシックなものなら、毎日使えてコストパフォーマンスは抜群だし、たとえ人からは気づかれなくとも、「私は5000円のタイツをはいている女なのよ！」と思えば、心のコストパフォーマンスも十分。自然と、立ち居振る舞いにも自信が表れます。こちらのほうが、ずっとストレス発散になるでしょう。

ポイントは、「高いものを買うときこそベーシックなものを選ぶ」という原則を忘れないこと。高いからといってつい、「このお色はここにしかないんですよ」なんて言われるままに茶色なんか買っても、絶対はきませんからね。

タイツ以外なら、ウカのネイルオイルや、ロクシタンのハンドクリーム、スリーのボディソープといった、同じ値段でも普段は買わないプチ贅沢なアイテムを。

ストレス買いをしそうになったときは、こういう「贅沢消耗品」なら、間違いありません。

「試着の罠」にご用心

みなさんもご存じのとおり、試着室の鏡は実際より1割か2割は細く見える、魔法の鏡です。さらにお店のライティングも加わると、鏡の中の姿は見違えるように素敵。

でも、だからこそ家に帰ってみると「違ったかも……」という結果になることがあるわけです。

店員さんも、「お似合いですよ」とは言いますが、「似合っていません」なんて決して言いません。

ということは、多少つらくとも、自分自身がこういう事実（試着室の罠）を決して忘れず、心にとどめておかなければならない、ということです。

ないものねだりになっていないか

ちょっとシビアなお話ですが、買った服を着るのは現実の自分であって、心の中で美化された自分ではありません。だからこそ自分の厳しい目で、現実の自分に似合う服を見極めなければならないのです。

たとえ好きなものでも、それが今本当に似合っているか、冷静になってみる必要があります。

「好きなものを着ることがスタイル」ではあるのですが、それが若さや容姿などへのないものねだりと結びつくと、本来の自分と逆方向のものを買ってしまって、結果おしゃれに見えなくなってしまうことがあるのです。

それなら気持ちだけ大切にしておいて、「私はそういうスタイルの人が好き」と思うことにしておいてはどうでしょう。


また、大人になって似合う服がだんだん限られてきた方の場合、「イケると思って着てみたものの、試着室から出られない……」ということもままあります。当然ながら、そういう服は決して買ってはいけません。試着室の外に出て、店員さんに「どうかしら」と見せられるところまでがボーダーラインです。今、試着室から出られないような服を買って帰って、あとでそれを着て道を歩けるでしょうか？　たとえ、店員さんが怖くて断りにくくても、そこで尻込みしてはいけません。
日常を生きるためのファッションは、ごっこ遊びのコスプレとは違います。
あなたが存在している「今」という現実にふさわしいものを選びましょう。

試着のチェックポイント

ここで、試着のチェックポイントをいくつかご紹介します。
靴は、片足だけでなくきちんと両足履いて、自分のサイズの前後のサイズも履き比べてみましょう。海外のショップでは、やはり靴を履いたまま過ごす文化圏ならではというべきか、黙っていてもちゃんと2サイズは出してきて、両足きちんと履かせたうえ、立っただけでなく鏡の前まで歩いて行かないと売ってくれません。日本も生活スタイルが西洋化した今は、私たちもそのくらい丁寧にチェックする習慣を持ったほうがいいと思います。

パンツは、同じような形でもブランドによってサイズ感が違うもの。ブランドが違えば、同じMサイズでもウエスト、ヒップ、太ももの太さがまったく違うことがあるのです。「自分はこのサイズ」と思っていても、同じ形で最低2サイズははき比べてみましょう。サイズによって、太って見えたり、痩せて見えたりが大きく分かれます。

さらに、はいたらしゃがんでみてください。そのとき、ウエストの後ろに拳《こぶし》が入るほど開いてしまうものは、腰回りはぴったりでもウエストのサイズが合っていません。スカートの場合も、同じくしゃがんだり座ったりして、ゆるかったりきつかったりしないことを確認しましょう。

トップスの試着の注意点

トップスは、着たら両腕を上げてみます。腕が上がらなかったら、電車のつり革をつかめなくて困るかもしれません（高価な服に限って意外と腕が上がらなかったりするのは、リッチな人たちは満員電車であわててつり革につかまったりという、大きな動作をすることが少ないからです）。ジャケットなどのアウターも、私は着たら片手で反対側の肩をつかむことができるか、手を回して確認しています。

トップス以外のアイテムでも、こういう自分の日常の中でやる大きな動作をひと通り試してみると、より失敗を防ぎやすくなるでしょう。

買えなくても落ち込まない

せっかく出かけて来たのに納得いくものが見つからず、手ぶらで帰ってきたときの気持ちは、何ともやるせないものです。まるで、せっかくキノコ狩りに行ったのに、一つもキノコを見つけられなかったような気分。

今まで似合っていた服がだんだん似合わなくなる年齢になると、着るものを見つけるのはさらに難しくなります。ステディブランドがなくなったと感じたりして、「私にはもう着られる服がないの?」と、悲しくなってしまうこともあるかもしれません。

でも、納得いかない服は、あなたのおしゃれ度も気分も下げるムダな服。

そういうものに惑わされず、手ぶらで帰ってきたあなたはむしろ勇者です。

大丈夫。あなたに合う服はほかのところに必ずあります。無理して何か買って帰ろうなんて思うことはありません。

たとえば旅行に行くとき、荷物はできるだけ増やさず、必要なものだけに絞りますね。

それでも旅先でどうしてもいるものが出てきたら、予想外の出費ですし、この先道中でずっと不便をしないよう真剣に選ぶでしょう。

普段の買い物も、それと同じこと。人生も旅なのですから、買い物はいつも真剣勝負で。特にセールなどでは、「ちょっと違う気もするけど、安いからいいか！」と、ついお財布の紐がゆるくなるもの。でも、「ちょっと違う気がする」ということは本当に違うのです。

「持っておかないと不安」「もっとたくさんあったほうが安心」という欲や不安も、あなたの美意識をにぶらせます。次の言葉をもう一度思い出しましょう。

「よけいな服は持たない」

もう、標語にして貼っておいたほうがいいかもしれませんね。欲や不安といった雑念が頭をよぎってワードローブによけいな服をまぜ込んでしまう前に、いさぎよくその服は元に戻しましょう。今ある服でもとりあえず生きてはいられているのだし、少なくとも今よりおしゃれになれないなら、新しく服を買う必要はありません！

ワンシーズンに1点でも似合うものがあれば、ステディブランド

ちなみに、「自分にはステディブランドがなくなった」と思っている方。以前は、「このお店にさえ行けばどんなものでも似合う」と思っていたのに、年齢を重ねた今では並んだ服すべてを着こなせない。ワンシーズンに1点か2点しか、しっくりくるものがない、ということですね。でも、1～2点いいものが見つかるのなら、そこはむしろ大当たりで、十分にステディブランドと呼べます。

売っているものの全部が自分に似合うブランドなんてあり得ません。あなたに合わせてデザインされているわけではないのですから当たり前ですよね。

大人ならワードローブもある程度揃っているはずですから、そうたくさん買い物する必要もないわけです。毎シーズン、1～2点ほど新しい気分のものを買えれば、もうそれで十分なのでは？　10代の、まだ服をそう持っていなかった頃とは違います。

もし今回のシーズンには似合うものがなかったとしたら、無理に手を出さず、見送ることができるのも大人の余裕です。次のシーズンにその分もつぎ込めば、少々高くても、本当に納得のいくものが手に入るでしょう。

ですから、あまりあせらず、欲張らず、大きく構えていきましょう。

準備が整ったら、いざ買い物へ

さあ、ショッピングの心構えがおわかりいただけたでしょうか。

心の準備が整ったら、最後に身支度を整えていざ出発です。

「今の顔」に「今の服」

買い物に出かける時、最初にお話しした、合わせる予定のトップスかボトムス、そして普段よく履く靴を身につけていくことともに大切なことは、顔を「今の顔」にすることです。

古いメイクの古い顔では、今の服に合わないのです。特にファンデーションは塗る面積が広い分、仕上がりに大きく影響します。流行りの質感に仕上がらない古いファンデーションは、使いきっていなくても買い替える必要があります。

同窓会や合コンなど、勝負のために本気で新しい服にチャレンジしたいときは、先に美容カウンターへ行きましょう。そこでメイクしてもらったりして勉強しながら、ファンデーションなどベースメイクものを中心に買い替えてください。1万円もあれば、見違えるほどフレッシュな顔にアップデートできます。

そして、下着のアップデートもお忘れなく。

「古い下着でも使えればいい」というのは、「古くてもパソコンなら何でもいい」と言っているのと同じ。いずれ開けない書類やデータがどんどん増えてくるように、古い下着のままでは、新しい服やあなた自身に対応できなくなってしまうのです。

古い下着を着けている人というのは、外から見ても結構わかるものです。

胸の形が不自然で、今っぽいナチュラルなシルエットではなかったり、あるいはバストトップの位置がちょっと下がっていてオバさんっぽかったり。

「まだきれいだから」と長く持っている下着は、実はどこか痛かったりレースが外に響いたりと、使いにくいからきれいなだけではないでしょうか？　また、長く使いすぎるとワイヤーが変形して、その形にずっと胸を押さえつけることにもなってしまいます。

服と一緒に、下着もときどき総点検することを習慣にしましょう。

chapter

6

買っていい服、ダメな服

買っていい服のポイント3点

ショッピングの心得を押さえたら、次は服選びの見極めポイントについてお話ししましょう。

「これは買うべき？　やめるべき？」「どっちを買ったほうがいい？」お店の中で迷ったときは、この章のことを思い出してください。

【◎OK】自分をよく見せてくれて、気分がアガる服

今自分が好きで、最高に似合っている服ならぜひ買いましょう。

大人になればなるほど、自分をよく見せてくれる服は貴重です。そういう服は、着るとグッと気持ちをアゲてくれます。

逆に、そういう服でなければ新しく買い替える意味はありません。

今のワードローブに何らかの不満があるから新しいものを買いに行くわけで、今持っている服と同等か、それ以下のものに手を出すのはナンセンス。

今つき合っている彼氏より「ダメンズ」な男性に、あえて乗り換えたりするでしょうか？　「キープくん」は「本命」より見劣りするもの。わざわざ持つ必要はありません。

【◎OK】定番品のアップデート

前の章でお話しした下着のほか、黒のパンツ、ベーシックなニットなど、いわゆる「定番もの」は定期的にアップデートしましょう。

去年はとても素敵に見えて気に入っていたパンツなのに、今年はいたら何だか丈や裾のバランスが気になる、ということはありませんか？

同じクルーネックのセーターにしても、襟ぐりの開き具合や、身幅のゆとり、着丈が長いか短いか、袖口のリブの太さなどを見ると、微妙に違うのがわかります。

そういうごくわずかな変化、それこそが流行であり、今の空気なのです。

またアナ・ウィンターのお話になって恐縮ですが、彼女はいつ見てもボブヘアにサングラス、膝丈のフレアスカートかワンピース、そして首回りにボリューミーなビジューといったおなじみのスタイルですが、彼女の写真を年代順に並べて見てみると、そこには微妙な変化があることに気づきます。

髪のカットの仕方やカラーが少し変わっていたり、同じ色の同じような靴でも微妙に型が違ったり。定番化したスタイルでも、そういう細部のアップデートをきちんとしているから、いつ見ても古くなく素敵に見えるのです。


スカートが好きとか、パンツが好きというあなたのスタイルを根本から変えてしまう必要はありませんが、そのなかでつねに更新を続けていくのは大切なことです。

「私にはこれが似合うから」とずっと同じものを着続けていると、いつの間にかおとずれる時代の変化にも、自分自身の変化にも取り残されてしまいます。

たとえば、「ベーシックカラーは黒」と決めている方。シビアな予言になってしまいますが、黒が似合うのは若いうちまで。40歳、50歳を過ぎて髪や瞳の色が淡くなるにつれ、黒よりやわらかい紺やベージュなどのほうが、なじみやすくなってきます。

そんなふうに、あなた自身は変わっていないつもりでも、確実に時間は進んでいくのです。

一流のアーティストやバンドが何十年と第一線で活躍し続けているのも、基本的なスタイルは変わらなくとも、時代とともに少しずつ変化し続けているからだといえます。ずっと同じ衣装、ずっと同じ歌では、いずれ「懐メロショー」にしか出られなくなってしまうでしょう。彼らはそれが商売ですからいいのかもしれませんが、リアルライフでそれをしてしまったら、天然記念物です。

自分の好きな定番スタイルを保ちながらも、いつ見ても素敵に見えるようにするためには、アップデートをこまめに行いましょう。

そうやって、自分の容姿の変化とも上手くつき合いつつ、今できること――できるだけ今っぽく、よりきれいに見える工夫――をし続けていれば、結果的にあなたはいつも、いつまでも、ずっと素敵な人でいられます。

定番アイテムをアップデートする目安は、およそ2～3年。

新しいものを買ったら、古いものはすぐ処分するのが理想です。

【◎OK】優秀なボトムス

若いうちはトップス、大人になったらボトムスにお金をかけましょう。

年齢を重ねると、体形の悩みは下半身に集中します。体のお肉がやわらかくなって流れやすくなり、ウエストは細くてもおなかが出てきたりと、パンツもスカートも選ぶのが難しくなってきます。

買う数を減らしてでも、体をきれいに見せてくれる、堅実で上質なボトムスを買いましょう。ワンシーズンに3～4枚揃っていれば十分。いい土台が整えば、自然とトップスも決めやすくなります。ちなみに上半身については、二の腕と胸元さえクリアできれば大丈夫。

そういう悩みがない若いうちは、下に何でも着られる分、安くてもかまわないので華やかなトップスをたくさん楽しんでください。

ボトムスを選ぶポイントは、とにかく面倒がらずに試着することです。

スタイルがよく見えるということは、サイズが合っているということ、そして立っているときだけでなく動いたときも美しいということ。ちゃんと体力があるときにお店に行って、あきらめずにどんどんはきましょう。

パンツは前の章でもお話ししたとおり、同じ形で最低2サイズは試してください。

スキニーパンツの場合は、丈をちゃんと詰めましょう。足首のあたりで少したるんでいる分には、ルーズなこなれ感が素敵で脚長にも見えますが、そのたるみが膝下あたりから入るほど丈が余っていると、逆に脚が短く見えてしまいます。

また、脚は人によって細いところ、太いところが違います。足首に自信があれば足首が見えるくらいの丈、なければそこが隠れる丈がおすすめ。膝にコンプレックスがあるなら、スリムではなくストレートタイプを選びましょう。

ホワイトデニムなど白いボトムスを選ぶときは、下着が透けないことが絶対条件。赤など、濃い色のついたハンカチや付箋《ふせん》などを持って行って、裏から当てて透けて見えないかチェックすると安心です。

最後に、NGのボトムスは「伸びすぎるストレッチ生地」です。

あまりにも伸びる生地は、どんな人の体にもそのままフィットして肉感を拾ってしまいます。お尻も脚もきれいな人なら心配いりませんが、下半身が太めの自覚がある方は超危険！　肉感があらわになるうえ、ウエストにお肉が乗ったり食い込んだりして、魚肉ソーセージのようなシルエットになってしまうかもしれません。

そういう場合は、ある程度厚めの堅い生地を選べば、ガードルのようにお肉を押さえてくれて細く見えます。そのうえでウエストのサイズが合っているものを選べば、さらに安心です。

買ってはいけない服のポイント3点

【×NG】条件付きの服

条件付きの服とは、「上にこういうトップスがあったら素敵にはけるスカート」とか、「このくらいのヒールの靴があればちょうどいいパンツ」とか、あるいは「痩せたら着られる」というように、何かしら条件をクリアしないとすぐ着られない服のことです。

買ってすぐに着られない服というのは、そのままいつまでもクローゼットにぶら下がりっぱなしになる可能性が高いもの。

私は、試着したパンツの丈が長かったときなどは、「あとでお直しに出そう」と思って結局しまい込んだままにならないよう、必ずその場で出し、受け取りも配送にしてもらうよう気をつけています。

「たられば」で買い物をしてはいけません。
どうしても買いたいなら、「これがあったら」を先に買ってからにしましょう。
もちろん、「痩せたら」も実際に痩せてからです！

【×NG】大物の「差し色」

「あなたはいつもその色ばかりね」とか「たまにはこんな色も着たら」と言われたからといって、そこで冒険して差し色の服を買っても確実に着ません。

結局、自分が着ていて落ち着く、好きな色に戻ってしまいますから、色については頑固で結構。

差し色を求めるなら、体から離れているバッグや、巻き方で分量を調節できるストールなどの小物で試しましょう。面積が小さいので気持ちの抵抗も小さく、気負わずに変化を楽しめます。ただし、靴での差し色はかなり難易度が高い上級者テク。履いたら脱げないし、「靴からコーディネートを決める」というルール上、ここをなじみのない「攻め」のアイテムにしてしまうと、全体がちぐはぐになってしまう可能性もあるからです。

「同じ色ばかりね」と言われるなら、やはりそれもスタイル。ワードローブが成功しているという証《あかし》です。

かくいう私もいつも黒やグレーばかりですが、それは私の内面が派手だから（！）。カラフルな色を私が着ると、逆に何だか普通におさまってしまうのです。

色というのは、そんなもの。世に言う「定番カラー」が、あなたにとっても定番カラーというわけではありません。着こなせる色も、人それぞれに担当があります。誰だって、偏って生きているものなのです。

【×NG】今の時代、「一生もの」はありません

かつては「一生もの」として使える服があったのですが、今の世の中にそれはほぼないと私は思います。

そのいちばんの理由は、服の素材が変わったこと。

たとえば、昔のトレンチコートはコットン100％のツイルなどで作られていましたが、今はストレッチのきいたハイテク素材を使い、より着やすくなっています。でも、そういう素材にはゴムが入っているので、中のゴムがいずれ切れてしまいます。着やすく

なった分、劣化しやすくなってしまったのです。

タイツもしばらく取っておくとはかなくてもゴムがだめになってしまうし、撥水加工《はっすい》されたコートの表面がボロボロになったり、バッグの接着剤がはがれてしまったりすることもあります。１００％天然素材でない分、劣化も激しいのです。

私は以前、それこそ一生ものだと思って「清水買《きよみず》い」した革張りのジュエリーボックスを持っていたのですが、特に暑かった夏にエアコンをつけない部屋に置いていたら、やはり接着剤の部分が劣化してしまい、なんと展開図のようにパカッとはがれて、バラバラに崩壊してしまいました。


一生ものがないふたつめの理由は、歳とともに自分自身が変化していくこと。

私はパールが大好きで、白も黒もたくさん集めていたのですが、歳を重ねるうちにだんだん大きいものでないと似合わなくなってきたので、若い人に似合う小さなパールはみんなアシスタント勢にあげてしまいました。

どんなときでもヴァン クリーフ＆アーペルのアルハンブラをセットでつけているおしゃれな方を知っていますが、ジュエリーでも、そのくらい長く使えるものは、そうそうないということです。

加えて、たびたびお話ししてきたように、今は流行のサイクルも非常に速くなっていて、気候がどう変動するかもわかりません。そういう状況から、今の服は基本的にそう長くは着られなくなっているわけです。

だから、コストパフォーマンスは「何年」ではなく「何回」が重要なのです。

「今すぐ着る」ものだけを選び、買ったら取っておかずにどんどん使わないと、本当にムダになってしまいます。


多くの人は、高いものほど「一生もの」だと思ってしまいがちですが、実はそこに罠があります。

たとえば、セレブが着ているようなハイブランドの、一着が100万円単位の超豪華なドレスやアクセサリーなどは、実は一生ものではなく「一瞬もの」。彼女たちは、一度それを着て出かけたら、繰り返し着ないで処分してしまいます。私たちにとって、ウェディングドレスが「一瞬もの」であるのと同じような感覚です。憧れだけで、ゴージャスなオケージョンものについ普段以上のお金をかけてしまう前に、そんな服や靴を身につけて行く機会が一生のうちに何度あるか、冷静に考えてみましょう。年に2回しか着ない、1着5万円のドレスは本当に必要ですか？

逆に、究極の「一生もの」といえば、エルメスのバーキン、シャネルのキルティングバッグなどでしょう。これらは数十年かけてすでに定番化しているので、もはや大きく色や形が変わることはないからです。そのくらい使い続けられるものなら、お金をかける価値はあるといえます。

買ってもいいけれど注意が必要な服

【△ 条件付きOK】難しめの流行りもの

「得意なジャンルじゃないけど流行っているのでどうしても着てみたい」というもの。

苦手なものに挑戦するというのは本来ならおすすめしませんが、どうしても気持ちがおさまらないなら、ファストファッションで試すのが無難です。

そして、自分の得意なトップスかボトムスと組み合わせる「50：50」の作戦でいきましょう。自分の鉄板アイテムをベースにすることによって、自分の得意な陣地に相手を引っ張り込むのです。そうすれば冒険度は下がるので、比較的なじんで着られるはずです。

逆にいえば、ほぼ全身をそういう流行りものにしてしまうのは、さすがにかなり危険。そんなチャレンジをして、「まあギリギリ合格ラインかな」くらいの状態で街を歩いているとき、同じものを完璧に着こなしている人に会ってしまったらどうでしょう？　どこか手近なお店に駆け込んで、服を買って全部着替えたくなってしまうかも。大人にとってのファストファッションとは、そういうときのためのお店です。

無理めのファッション勝負にお金と気力をかけるのは30代くらいまでにしておいて、40代以上になったら、そろそろ賢くあきらめることも必要では、と私は思います。

【△条件付きOK】買っていいセール品とダメなセール品

セールの鉄則は、普段の買い物と同じく「今すぐ着るものだけを買う」こと。

このシーズン中、あとどれくらい着られるかを考えてみましょう。

たとえば、暮れから年明けの冬物セールなら、着られるのは1月と2月くらい。その2カ月間に何回着られるかを考えて、その回数で値段を割って納得できれば、買ってもOKです。

そうしてコストパフォーマンスを計算してみると、11月くらいのトップシーズンに正価で買って4カ月着るのも、半額セールで2カ月着るのも結局同じことで、セールの値段というのは得をしているわけではないことがわかります。

ですが、その「お得感」の雰囲気についノセられて失敗してしまう人は、セール品をあたかも備品のような感覚で買ってしまう人です。ファッションにおいては、「備えあったら憂《うれ》いあり」なのです。

来年、再来年の冬も着ようと思ってコートを買っても、次の冬は今年の冬とは違います。うんと寒くなるかもしれないし、暖冬かもしれないし、どんなデザインが新しく流行るかもわからないのです。運よくまた着られたら、すごくラッキーです！

定番ものなら損しない、と思うのも誤り。黒いニットならずっと使えると思っていたら来年グレーが流行ったり、ネックや袖の形が微妙に変わったり。それに、定番ものほどアップデートすべきというのは、先ほどもお話ししたとおりです。

また、「先に備えて」オケージョン用アイテムを買うのもNGです。

昔はそういうドレスなどが高くて少なかったのでセールで買って備えておくのも意味があったのですが、今はZARAに行けばいつでも、1万円台でドレスが買える時代です。

セール品は、食べ物で言えば賞味期限切れが近いので割引している「見切り品」ですから、1週間以内に出席する予定がないなら買うべきではありません。いざ出かける日の前日にでも改めてZARAに駆け込んだほうが、「あの人いつのドレスを着て来たのかしら」なんて思われずに、最旬の素敵なものをお得に手に入れられます。

そして、はっきり言いますが「福袋はゴミ袋」だと思ってください。

20代までの若い子たちなら、まだ服が少ないのでいろいろ欲しいでしょうし、仲間と取り替えっこもできるのでいいと思いますが、すでにもう数を持っている30代以上になったら、結局中身の何枚かは処分、つまりゴミにすることになってしまうでしょう。

1万円の福袋代で、何ができるか想像してみてください。グラスの白ワインが付いたゴージャスなランチを2人で楽しんだり、日帰り温泉にも行けそう。1万円の下着だって、1万円のゴミを買うのに比べたら、決して高くはないでしょう?

これはフェイスブックで拾った話ですが、男性はどうしても欲しいものなら、1000円が2000円になっても買うのだそう。けれど女性の場合は、欲しくないものでも1000円が500円になっていたら、買ってしまうのだそうです。

安さという罠にかからないよう、冷静になることです。

【△ 条件付きOK】ファストファッションとは賢くつき合う

ファストファッションは、ファストフードのようなもの。おなかがすいた、必要だと思ったそのときに、手軽に買えてすぐ楽しめるのが身上です。ただ、ファストフードが美味しいのは温かいうちだけ。一晩経ったら、もう口にする気にもなれないかもしれません。

ファストファッションの服も同じ。カッティングはきれいでも素材がもろかったりと、安さにはそれなりの理由があります。

ですから、くれぐれも長く使うつもりで買わないこと。「割り切った、短いおつき合い」のものだけを選ぶようにしましょう。

先ほどお話しした流行りもののほか、1回限りのアクセサリー、またオケージョン用のバッグも気のきいたものが数千円で買えるのでおすすめです。

セール品と同じく、ファストファッションの安さは魅力でもあり罠でもあります。

安いがゆえに、普段決して買わないようなものをつい冒険して買ってしまいがちですが、そんなものは結局着なかったりしませんか？

真剣に検討していないものは、結局失敗に終わりやすいものです。

小さなムダ遣いを積み重ねないよう、十分注意してください。

大人にふさわしい、おすすめのアイテム

さて、ひと通り買っていいもの、ダメなもののジャッジをしてきたところで、最後は「大人ならではの素敵な買い物」についてご紹介しましょう。

大人が持つにふさわしい、3～5万円の上質なおすすめのアイテムです。

ここにお金をかけられるかどうかが、おしゃれな人とそうではない人との分かれ目といえます。

まず、3～5万円の靴。

よい靴の価値については、これまでにもたっぷりお話ししてきたとおりです。粗悪な靴を長く履き続けていると、中高年世代になってから足に故障が出てくることもありますから、何度も言いますがどうかよい靴を選んでください。

次は、革の手袋。だいたい、1~2万円ほどでしょう。ベーシックカラーを選ぶのがポイントです。

手にぴったりと吸い付くような、しなやかな革の手袋をはめると一気に大人気分。しかも、手が乾燥しにくくなるおかげでシワができにくくなります。

次は、2~3万円以上のストール。

ストールも、コートと同じように必ず試着して顔映りを確認しましょう。差し色以外なら、自分が持っている服の色の薄い色か濃い色を選べば失敗がありません。

上質なものを選べば数年はもちますし、夏は冷房避けにもなって通年使えるアイテムです。

最後は、5千円以上のタイツや1万円以上の下着。

これは勝負下着ではなく、普段の自分のための「自分アゲ下着」です。高級なタイツの素晴らしいはき心地、豪華な下着の美しいレースやフリルは、女性をお姫様気分にしてくれますし、見えない自信はあなたのおしゃれオーラを底上げします。

どれも、特別なとき用のものではなく、普段使いできるものばかりですね？　それは当然です。「普通のとき」に素敵な人こそ、おしゃれな人なのです。

私たちの日常には、パーティなどのオケージョンなんてめったにありません。普通の日が99・9％なのですから、普段をいちばん大切にすべきなのです。ボロボロの服を部屋着用に取っておいたり、微妙なワンマイルウェアなんか揃えていたら、一日でいちばん長い家で過ごす時間の気分が下がってしまうでしょう？　ご近所でだって、誰に会うかわかりません。しかも、「適当に着るための服」を持っていると、よそ行きと合わせてワードローブも倍くらいの量に増えてしまいます。

高価なものこそ、普段使いにするべき。買ったら「とっておき」にしないで、その日からどんどん使いましょう。エルメスだろうがジミー チュウだろうが、私は靴を買ったら箱をもらいません。しまい込んだら負け、使ったほうが勝ちなのです。

こうしたよいものを買うためには、普段からセールやファストファッションで小銭をムダ遣いしないことです。

毎シーズンの頭に、2万円くらいのトップスかボトムスを1つ買うとか、セールで使ってしまいそうな予算を先にいいものに充ててしまうというのも、ひとつの手かもしれません。いいものを先に手に入れておくと、次に選ぶものの審美眼もするどくなり、結果的にムダ買いを防ぐことにつながります。

chapter

7

おしゃれは「トレンド」から「スタイル」へ

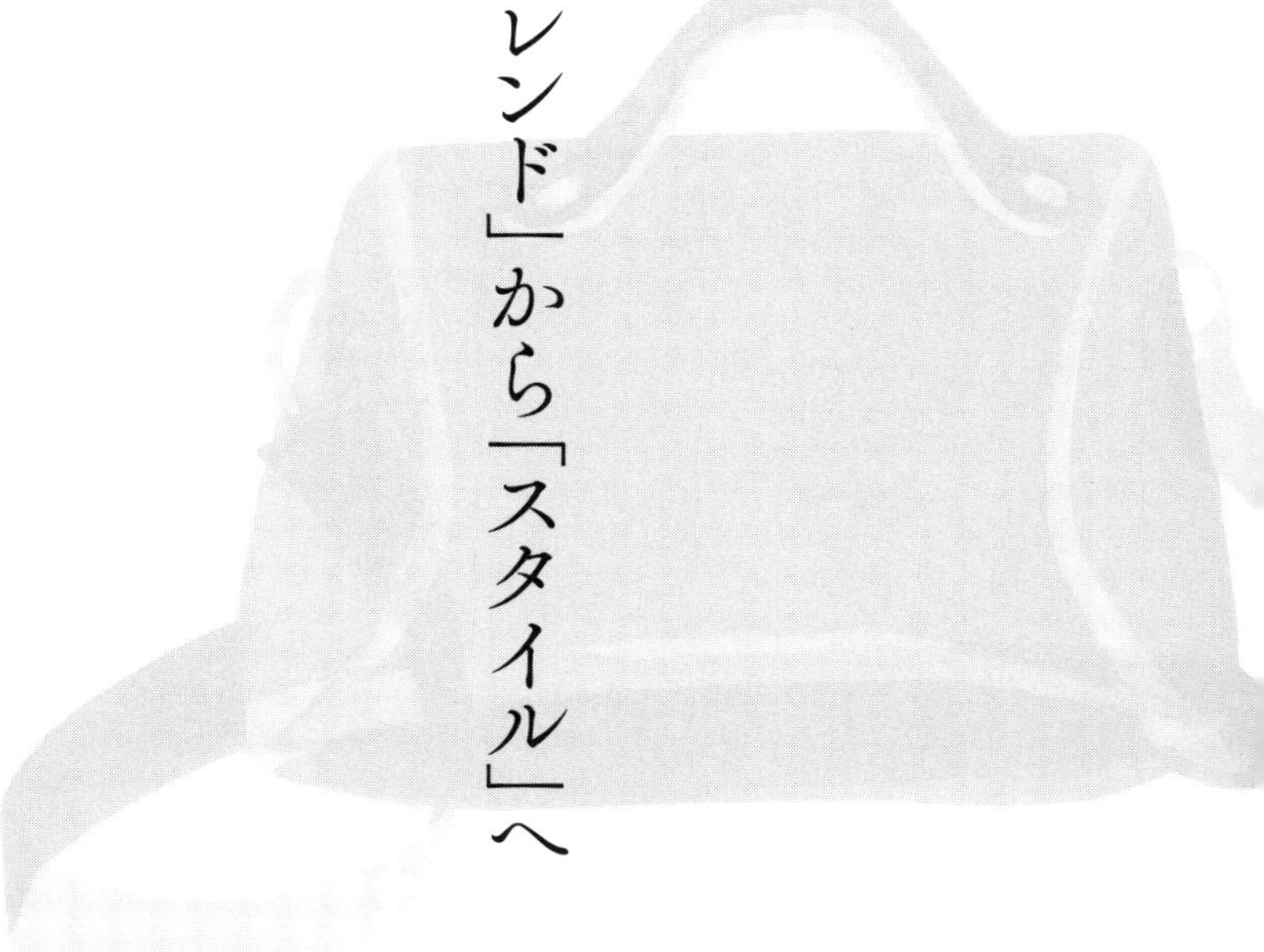

「スタイルのある人」になるために

今までのおしゃれ観は、雑誌や周囲に踊らされて作られたもの。

でもこれからは、自分のライフスタイルや志向に合った、自分のおしゃれについて考えてみませんか？

つまり、「トレンド」ではなく「スタイル」を大切にすることです。

私のヘアカットを担当してくれているスタイリストさんは、よく「早すぎる」と言われる人です。彼女の作るカットは、世間の流行よりつねに先を行っているからです。

2年くらい前、私が「ロックっぽい髪型にして」とオーダーして切ってもらった髪型が、最近のマークジェイコブスのショーの髪型そっくりだったなんていうこともありました。でもその頃には、私はすでに違う髪型にしてもらっています。だから「早すぎる」と言われてしまうわけです。

けれど彼女と私は、「あたしたちは、トレンドじゃなくてスタイルをやってるだけよね」「トレンドっていうのは、誰かが提示したものを後から追いかけることでしょ。でも、あたしたちは好きなことをやっていたら、それが後からたまたま流行っただけよ」と、お互い笑い合ったものです。

今までのおしゃれな人というのは、「トレンディな人」のことでした。

でも、これからのおしゃれな人は、「スタイルのある人」だと思います。

自分自身のスタイリストになる

「何でもいろいろ着こなさなければ」と欲張っているうちは、自分のスタイルはできません。一見ワンパターンのようでも、自分に似合うものを大切にしている人こそ、誰にも真似できない自分のスタイルを持っている人です。

そういう人は、本当の意味で「素敵ね」と言われます。でも、トレンディな人への声には、含みのある「スゴイね〜」も何割か入っているはず。「スゴイね〜」って、大変な言葉だと思いませんか？　決して、賞賛の言葉ではありませんよね。

それでもまだ、若いうちはトレンド一辺倒でかまいません。けれど、30歳を過ぎて人それぞれにライフスタイルが分かれ、個性が確立されてくると「右へならえ」だけでは厳しくなってきます。

だから、大人になったらなおさら、トレンドを取り入れるのもまず「スタイル」から考えてみてはどうでしょうか、ということなのです。

スタイルを磨くことは、自分自身を研究することです。

あなたらしさであなたを生かせるのは、ほかの誰でもないあなただけ。

でも、それは難しいことではありません。大勢の人たちのスタイリングをそれぞれに合わせて考えなければならない私に比べたら、ずーっと簡単です。あなたはあなた専属のスタイリストになって、自分というたったひとりを素敵にすることだけを考えていればいいのですから！

ここでは、そんなあなたらしさを磨くコツについてお教えしましょう。

長所と得意分野を伸ばして、勝ち点を増やす

あるテレビ番組を見ていたときのことです。

外見に悩みのある女性が、プロの医師やエステティシャンから指導を受けて美しくなるという変身番組だったのですが、そこに出ていた女性の姿が、世界のランウェイを彩った、ある日本人スーパーモデルにそっくりだったのです。

背はすらりと高く、顔立ちは淡白。スーパーモデルの彼女は、それが魅力として世界中で評価されていたのに、テレビの中の出演者はアジア人らしい顔立ちと背が高いのを気にしてか、ずっと下を向いてかがんでいました。

持って生まれた素材をもって、美人として生きるか、不美人として生きてしまうかは、当人の心しだいです。それは、神様から与えられた課題でしょう。長所も短所も表裏一体で、どちらにも取ることができるのです。ヒネて生きるのも自由ですが、どうせなら喜びにあふれて生きていきたいものですよね。

それなら、短所を隠すことに必死になるより、長所をいかに際立たせるかを考えていきましょう。

褒め言葉は本気にしていい

あなたは、自分の長所を知っていますか？

わからないという方は、ご両親や、お嬢さん息子さん、またはものをはっきり言ってくれる友達に、「私のいいところってどこかしら」と一度聞いてみましょう。

「まあ、髪だけはきれいよね」とか、「足首は細いんじゃない」とか、ズバッと自分が思ってもいなかったようなことを言ってくれるはずです。

そういう、「私といえばこれ」というところを磨き抜きましょう。

私の場合は、手です。手だけはいつもこまめにハンドクリームを塗ったり、ネイルを整えたりして大切にしています。

ほかにも、ショップの店員さんや美容師さんが、「お客様はお肌がおきれいですね」とか「お顔が小さいですね」と言ってくれることがあるでしょう。それも聞き流さずに、いっそ本当のことにしてしまえばいいのです。

欠点を何とかしようとすると、逆に悪目立ちしてしまうもの。脚長に見せようと、視覚効果を利用した妙な形のマジックパンツをはくより、今のトレンドの普通のパンツをはいたほうが、ずっとカッコよく見えたりするものです。

それに、他人は自分が思うほど欠点に注目していません。私はかつて、今より5キロ以上太っていた時期があるのですが、当時の友人も私の夫も、そんなことはまるで気にしていませんでした。

欠点なんてかき消してしまう最良の方法は、長所をもっと磨いて強調すること。それは自信になり、心を明るくしてあなたを輝かせます。

「同窓会で5位入賞」くらいを目指すのがベスト

得意分野で勝負するというのも、同じ理由です。

スポーツの試合に出るとしたら、自分の得意な種目を選ぶのが普通ですよね。なのに、ファッションとなるとなぜか誰もが、テニス部なのにバスケットボールの試合にも出ようとするような無理をしてしまいがちです。

ファッションも勝負だとしたら、確実に勝てる、あるいは減点されないところでやっていくのがいちばんです。そしてポイントは、「普段は2位入賞、人生十番勝負のひとつである同窓会なら5位入賞」くらいに目標を定めること。

たとえば1位を狙った結果、無謀なおしゃれテクに手を出してイタイ人に終わってしまうかもしれないし、1位になれたらなれたで同性に嫌われやすくなり、それどころか異性にも「俺にはちょっと無理だな」なんて、敬遠されてしまうかもしれません。

プロのファッショニスタと同じところを目指す必要はありません。

日常の中で、誰からも感じよく見られるおしゃれを目指すなら、あくまで堅実にいきましょう。

自分が生きていくシチュエーションと相談する

「自分の劇場」で輝くために

これも、「同窓会は1位より5位狙い」というお話に通じるところなのですが、シチュエーションによっては、おしゃれで自分を主張することが得になることも、損になることもあります。

お仕事をしている方や、学校の保護者会に行くお母様方は、思い当たることがありませんか?

ファッションは、世間体と自分らしさのせめぎ合いです。

自分が好きな要素と、人によい印象を与えてスムーズに受け入れてもらうための要素をどう上手くミックスするかということは、人のためでもあり、自分のためでもあります。

そしてシチュエーションとは、どこで誰と、どう生きるのかということ。

大劇場で何千人という大観衆を相手にするのと、小劇場の固定化したお客様の前で勝負するのとでは、魅力的に見せるメイクや衣装のあり方は変わってくるはずです。

「妥協」というとネガティブに聞こえるかもしれませんが、要は自分がここで生きると決めた、そのシチュエーションに合わせておしゃれの加減を決めましょう、ということ。

生き方によってお金をかけるところは変わる

このシチュエーションが、人それぞれに大きく変わってくるのが30代からです。

自分はこのまま仕事を続けていくのか、それとも結婚するのか、子供は……。

そんなふうにライフスタイルが大きく分かれるなか、みんながみんな同じ服を着ても、決して幸せにはなれません。自分に合ったファッションが必要になる時期です。

まだバリバリ働くならジャケットは必要かもしれませんし、子育てしながら働くなら、いつでも子供の世話をできる服のほうがいいかもしれません。30代からもまだまだモテ期を継続させていくわよ、というならモテ要素の入った服が必要でしょう。逆に、よけいなことを考えず仕事に集中したいとか、華美な服装を禁止されているとかいう場合は、職場では制服のように一定のスタイルを決めてしまって、外で好きなだけおしゃれを楽しむというのもひとつの方法です。

以前、私が取材したＯＬさんたちは、職場に制服規定がないにもかかわらず、あえて「置きスーツ・置き靴」をしていました。出勤してきたらそのスーツと靴に着替えて、職場では仕事に集中。そして行き帰りは、好きなファッションで好きなことを楽しむのです。

自分にとって何が大切なのか、それによってお金や力の使い方は偏らせたほうが賢明です。何にでも全力投球なんて、効率が悪いし疲れるでしょう？

そうしていくと、ワードローブの中身にも偏りや差が生じてくるはずですが、それで大丈夫。繰り返しますが、「まんべんなく持たなければ」という不安は、ただの呪いです。


ただ、おしゃれはシチュエーションと相談しましょうといっても、大勢に合わせて自分を抑えるのがどうしてもつらかったり、「あの人変わってるわね」と言われてひとりになってもかまわないというなら、それもあなたの生き方です。

「毎日派手なジェルネイルをしていたいから、誰よりも速くキーを打てるようになる」というように、職場で文句を言わせないためにウルトラスキルを身につけるというのも、私は悪くないと思います。

今の自分より、ちょっと上の世代を観察する

センスが似ている人を観察する

好きな服が似ている上司とは、男性でも女性でも意外に話が合うものです。

それは、自分とセンスが似ているから。

そういう、素敵だなと思えるちょっと上の世代の先輩と、一緒に飲みに行ったり、ランチに行ったりして、その人がどんな格好をしているかさりげなく観察してみましょう。

美容院はどこへ行っているのか、メイクやネイルはどんなふうにしているか。

お金をかけているものは何か、腕時計やアクセサリーはしているか、仕事の仕方、時間の使い方、食べ方……。

人は、30代、40代、50代と新たな人生の節目に立ったとき、「私はこれからどうなる

の？」と、自分の進んで行く道がわからなくなってしまうことがあります。そういうときのため、少し上の先輩の姿を観察して様子をつかんでおくのです。

まるまるコピーするというのではなく、参考にする程度で大丈夫。すると、自分がその年代になったときのゴールが見えやすくなるし、先に目指すものが見えれば、現時点のスキルアップにもつながっていきます。

美人は、伝染するもの。美しい人と一緒にいると、自然に美の習慣が身について、自分までグッと底上げしてもらえます。

素敵な先輩から、素敵なことを受け継いでいきましょう。

スタイルは、自然に身につくもの

結論を言うと、スタイルのある人というのは、自分の好きなものがわかっている人です。何を着ていたら楽しいか、どんな色を着ていれば心地よいかということは、つねに自分の中に答えがあります。どこか遠くへ自分探しに行くことはありません。

でもそれが、日々の忙しさに流されていたり、周りに惑わされてしまうと、自分でもわかりにくくなってしまいます。

靴を見れば、自分の生き方がわかる

自分のスタイルがわからなくなってしまった方は、靴を見てみましょう。

辛口が好きな人はポインテッドトウ、甘めが好きな人はラウンドトウといったように、靴にはその人の好みやライフスタイルが自然に現れています。

逆に、履かなくなった靴が表しているのは、あなたが捨てたものです。

飽きてしまったランニングや、卒業しようと決めたガーリーな趣味など。それに基づいて、服を整理するのもいいでしょう。ガーリーな靴を捨てたなら、もうロマンティックな服も必要ないのでは？

もうひとつは、自分の全身を毎日携帯やスマホのカメラで撮ってみる方法。1週間〜10日も続ければ、自分の好きなもの、似合うもの、逆に似合っていないものも客観的にわかってくるはず。

そこで「このコーデは二度としない」と切り捨てることもできれば、何を着ようか困ったときに「イケていた組み合わせ」を繰り返し使うこともできます。

ちなみに私は、服のコーデを考える間も惜しいほど忙しいときに、スタイリストのミーティングなど「この日はキメて行かなくちゃ」という予定が入っていたら、前日のイケていたコーデをもう一度着て行ってしまいます。すでにある程度キマっている格好ですから、褒められこそすれ、批判されることはありません。

これは週末のお出かけにも使えるワザだと思います。土曜と日曜で会う相手が違うなら、同じイケてるコーデの繰り返しで行ってしまえばいいのです。わざわざ、片方の日を微妙な格好にしてしまう必要はありません！

スタイルというのは結局、「自分が好きなもの」「ときめくもの」のことです。

ですから、スタイルとはこうすれば手に入りますと教わるものでもないし、売ってもいないし、無理をして他人と違う個性を演出するものでもありません。いつの間にか、自然に身についているものです。

いつもこれを買ってしまうとか、よくこれを着てしまうという、そういう傾向ができてくるのは、あなたのスタイルができつつあるということです。

「嫌なもの」「苦手なもの」を省いていく

今、自分のスタイルを持っているとてもおしゃれな大御所モデルさんたちでも、若い頃はやっぱり迷っていた人がたくさんいます。

10代、20代の頃はみんな修業期で、まだまだ迷ったり、いろいろトライしていてもいいと思います。でも、その後だんだん、自分は何が好きで、どんな格好をすると素敵に見えるのかがわかってくるもの。そうして、それぞれのスタイルが磨かれてくるのは、だいたい30歳から40歳の間くらいです。

先ほどもお話ししたとおり、30代以降からは人それぞれ仕事や家庭、経済状態といったライフスタイルが分かれてくるので、それが影響して体形や顔立ちといった個性に大きな差が出てくる頃です。流行りの格好をすれば、誰でもみんなかわいくなれた20代までとは違います。

そうなってきた大人世代にこそ、自分らしい自分のスタイルが必要なのです。

今からでも大丈夫。

自分の得意分野や長所を見つけたら、あわてず、あせらず、そこを磨いていきましょう。

それがわからなければ、「嫌なもの」「苦手なもの」を省いていってください。

好きなこともスタイルですが、「私はこれが嫌い」というのもスタイル。そして残ったものが、あなた自身の本質ということ。

そうして気づいたときには、あなたにも自分を輝かせる自分のスタイルが自然と備わっているはずです。

chapter

8

これからも、ずっと素敵でいるために

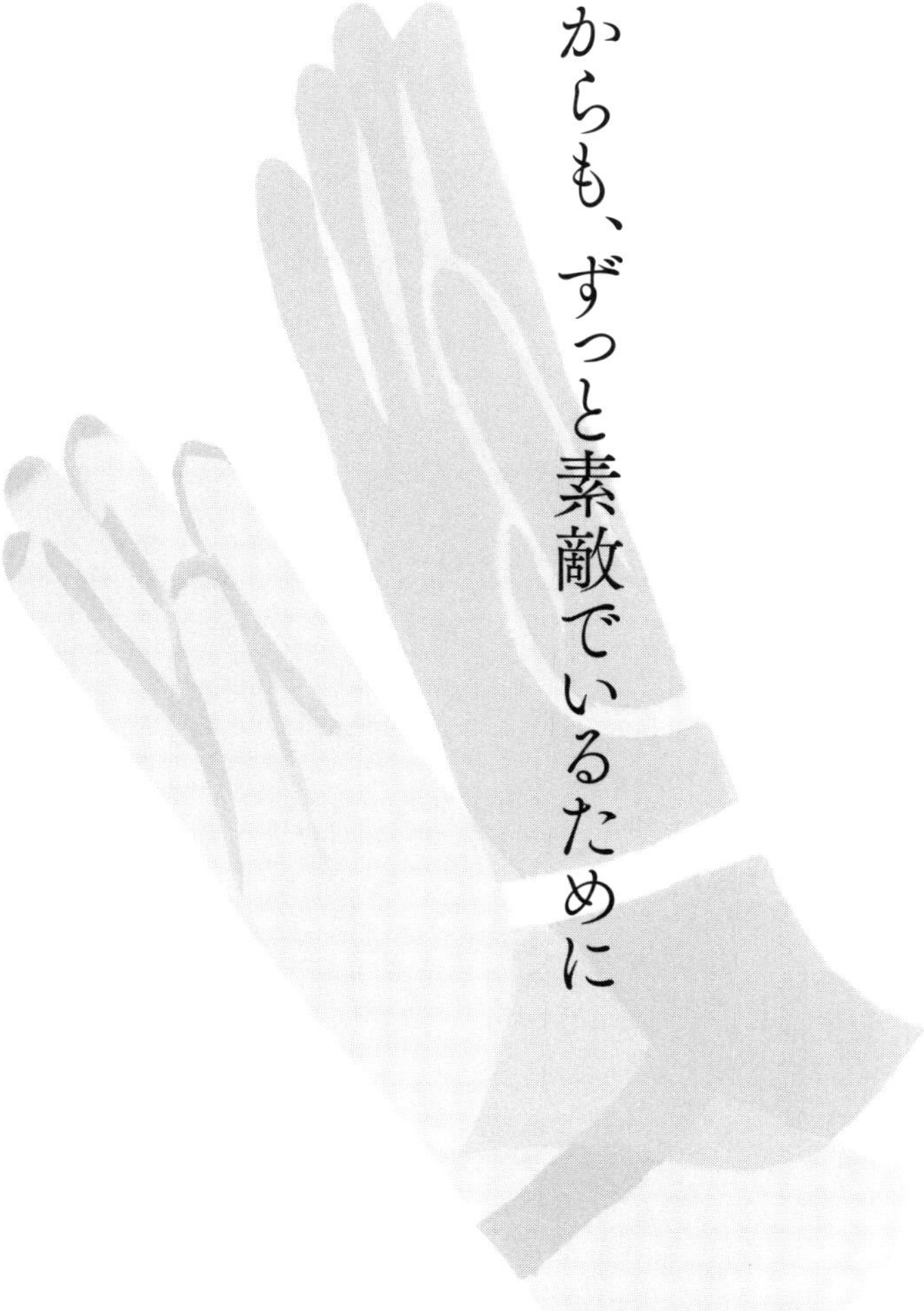

「美しく年齢を重ねる」ことのメリット

「年齢を重ねてもおしゃれでいましょう」とはよく言われることですが、そうすることのメリットについて、考えたことはありますか？

50代の私が今、こうして後輩世代に向けた本を書いたり、20代の友達とライブに行ったりできるのは、自分が若い気持ちを持っておしゃれを楽しんでいるおかげだと思います。

おしゃれでいることは、自分自身が楽しいだけでなく、周囲にもよい印象を与えるものです。若者にとっても、「イタくないオバさん」「結構カッコいいオバさん」が身近にいれば、何となく自分の将来が不安ではなくなると思うのです。

けれど、もし私が毎日つまらなそうにして愚痴ばかり言っていたら、見ている人は「歳を取ったら何もいいことはない」と嫌になってしまうでしょう。

もちろん、大人には若者の知らない苦労だってあるし、本当は歳なんて取りたくないのが本音です。けれど、登った山からはいつか降りなければなりません。若さのピークを過ぎれば、体力や容姿はどうしても下降線をたどっていきます。今すでにビビッているみなさんも、50代を過ぎたらもうジェットコースター並みですからね！

でもそれは、自分だけではなく、誰の身の上にも起きることです。

それなら、コースターの上で絶叫する前に、いち早く準備を始めた者勝ち！

この先、美しく年齢を重ねながらずっと素敵に生きていくために、今から意識しておきたいポイントを最後にお話ししましょう。

「ファッションの魔法」から卒業するとき

「魔法」から「習慣」へ

つけると、ハーフのようになれるカラコン。
お人形さんのようになれるつけまつ毛やまつ毛エクステ。
グンと脚を伸ばしてくれるハイヒール。
ランウェイそっくりのデザインが手に入るファストファッション……。

これらはみんな、自分を底上げしてくれる「ファッションの魔法」です。使えるうちは、どうぞバンバン使ってください。

けれど、こういう魔法を使いたい放題に使えるのは、やはり若いうちだけ。

大人になると忙しくなって、悠長にカラコンやつけまつ毛などつけている暇はなくなるし、脚力が落ちてくるのでハイヒールも無理。さらに肌が乾燥するので、安い服はチクチクして着られなくなります。まだ若いみなさんも、残業続きのときなど、服で体がかゆくなったことはないでしょうか？

問題は、この魔法をいつやめるかということです。

魔法からの卒業を迫られてうろたえる前に、魔法に頼っていた美しさを自分の「習慣」でカバーする練習を、今から少しずつ始めていきましょう。

食べるものを選んだり、ボディメンテナンスをしたり、きちんとメイクを落とす、髪を乾かすといった、ごく小さなことでいいのです。

もちろん、いつもきれいな服を着るようにするとか、ベーシックな定番アイテムをまめにアップデートするとかいうファッションの習慣も同じ。

続けていると、それはやがて何もしない人との大きな差となります。

いざというとき、突然きれいになろうと思っても無理。

若さと容姿がゆるやかに下降していく、その下降線の角度をできるだけなだらかに抑えていけるのは、自分自身の努力と知恵と勇気だけです。

これは、一日も早く気づいた者勝ち。今日からでも、小さな努力を習慣にしていってください。

そうすれば、10年後、20年後の同窓会が楽しみになりますよ。

「今」を生きていきましょう

私が今着ている、ライダースジャケットや黒中心の辛口でロックなファッションは、たぶん30代の頃の私では似合わなかったでしょう。今、この年代だからこそ着こなせて似合うものだと思っています。

逆に、30代の頃に着ていた服も、今の私にふさわしい服ではありません。

「若い」ということは「今を生きている」こと

歳を重ねても、つい若かった頃の服装にこだわり続けてしまう人。

2章でもお話ししたように、「若く見せる」ということは「若かった頃に戻ろうとする」ことではありません。

「若い」ということは、「今」を生きること。

「今」という時代にフィットすること。

そういうあなたを見て、人は「若い」と感じるのです。

若作りすることは、言い換えれば過去ばかりを見つめていて、今の自分を否定していることでもあります。

美顔エステや高価な化粧品のおかげか、年相応のシワがない、ピーンとした顔の美女をテレビで見ることがありますが、その姿はきれいだけれど「今っぽい」とは思えません。まるで、冷凍睡眠から目覚めた美女のようで、どことなく時が止まっているような、ぎこちない感じがします。

それより、少しくらいシワや白髪があっても「今っぽい」大人のほうが、カッコいいし素敵だなあと思いませんか？

ドリームズ・カム・トゥルーの吉田美和さんやＣＨＡＲＡさんは、いつ見ても若々しくて素敵な大人の代表だと思います。若々しくて素敵なのは、昔と同じ格好をしているからではなく、いつでも「今っぽい」から。

「今っぽい」といっても、今の若者の格好を完全コピーしているのではありません。そういうトレンドを、年相応の形にアレンジして取り入れているのです。

私たちも、生きるべきは「今」。リアルタイムな今の自分です。

今、この時代を生きる30代、40代、50代として、時代の空気を自分に合う形でアレンジして取り入れていくのです。

今をちゃんとするから次につながるというのは、ファッションも同じこと。

今がなければ、明日はありません。今を素敵に生きている人が、「素敵な50代、60代という次」を迎えることができるのです。

足るを知る

等身大の自分を愛しましょう。

でないと、自分を不幸せにしてしまいます。

「きれいになりたい」「若くありたい」という欲は、ちょっぴりなら自分を向上させてくれるのに有効です。

むしろそれがないと、女性は劣化の一路をたどるのみ。「私は自然派なの」と言いながら単なる手抜きをしている、開き直りの状態になってしまいます。

けれど、「もっと、もっと」という際限のない欲は自分を苦しめてしまうだけ。

「どうして白髪が生えてくるの?」それなら、染めてしまいましょう。

「どうしてこの服が似合わないの?」それなら、着るのをやめましょう。

「こんな私は私じゃない！」なんて自分で自分を否定してしまったら、この先は生きるのさえつらくなってしまう一方でしょう。

ですから、今の自分を受け入れて、愛してください。

足りないところを補ったり、長所を伸ばしたりするのはそれからの話です。

決して、老けるのをあきらめなさいというのではなく、「少しずつシフトしていきましょう」ということです。山に登ればいずれは降りなければならないわけですが、別に転がり落ちなくてもいいよね、ということ。

そうして、いい感じの大人の女性から、素敵なオバさん、素敵なおばあさまになっていけばいいではありませんか？

世の多くの人が望む「素敵な大人」とは、奇跡のような若作りのオバさんではなく、いい感じに年齢を重ねたイケてる今のオバさんなのです。

私はかつて、親族の子供たちに無理やり「お姉さん」と呼ばせていましたが、40歳を過ぎた頃、やっと「オバさん」でもいいかな、と思うようになりました。それで、素敵なオバさんとかカッコいいババアと思われればいいや、と思ったのです。これも、足るを知るということだと思います。

私は今、あえて歳を公表しています。

自分の生き方しだいで、歳をとっても楽しく生きることはできるのだということを、人に伝えたいからです。

普段、一緒にライブに行ったりして遊んでいる若い子たちにも、歳を言うと「えー、マジですか！　うちの親より年上ですよ」なんて驚かれますが、そういう私が歳を公表することによって、20代、30代の人たちにも「50過ぎてもライブに行けるんだ」「歳を取るのも悪くないかも」と思ってほしいのです。

素敵な服を着て、素敵な気分でいる女性の周りは、いつも素敵な雰囲気です。

素敵な気分というのは、周囲にも伝染するもの。

だから素敵な人は、周りの人や空間までもが素敵なのです。

30代の方は、今のうちからいい先輩を見習ってみましょう。

40代、50代の方も、始めるのに遅すぎるということはありません。

ファッションの旅は、一生が終わるまで続く旅。ゴールがないかわり、いつ始めても遅いことはないのです。


今日からでも大丈夫！

素敵な雰囲気で、周りも素敵にしてしまうような大人目指して、スタートしましょう。

おわりに

ファッションにゴールはありません。
ファッションのゴールは蜃気楼です。
つかまえようとすると逃げてしまう。それでも、追いかけるのは楽しいですよね。
一生ゴールのないレースを走ると思うと、時につらいこともあるかもしれません。
でも逆に考えたら、いつ、どこからでも始められるということ。
ゴールなんてないのだから、どんなに出遅れてもまたそこから始めればいい。
そう思えばほら、気が楽になったでしょう？

ファッションの呪いにとらわれることなく、これからも一生、ファッションを楽しんでいきましょうね！

本書を、亡き母、
渡辺葉子に捧げます。

地曳いく子（渡辺いく子）
Ikuko Jibiki

1959年6月生まれ。スタイリスト。『MORE』『SPUR』『éclat』（すべて集英社）、『Oggi』（小学館）、『FRaU』（講談社）などのファッション誌でキャリア30年超を誇るスタイリスト。数多くの女優のスタイリングも手がけ、「着やせ」など実用的なテーマに定評のある“大人の女性”の服選びの第一人者。著書に『50歳、おしゃれ元年。』（集英社）、『50歳ファッション黄金セオリー さようなら、おしゃれメランコリー』（WAVE出版）など。

服を買うなら、捨てなさい

2015年3月 9日　第1刷発行
2015年6月23日　第7刷発行

著　者　　地曳いく子
発行人　　蓮見清一
発行所　　株式会社宝島社
〒102-8388　東京都千代田区一番町25番地
電話　営業：03-3234-4621
　　　編集：03-3239-0069
http://tkj.jp
振替：00170-1-170829　（株）宝島社
印刷・製本　サンケイ総合印刷株式会社

ISBN 978-4-8002-3739-2